マラソン腕振り革命

ターンオーバー理論で
驚くほど推進力がアップする！

みやすのんき

はじめに

ありがたいことに前著『アルティメット フォアフット走法 56歳のサブスリー！ エイジシュートへの挑戦』におけるフォアフット着地への改善は私自身の自己ベスト更新にもつながり、たくさんの人に読んでいただき賛同の声も多数寄せられました。

さて本書の提案は腕振りの推進力アップです。私がマラソン競技をやってきて感じるのはランニングという動作のうち、着地する足は地面に垂直に圧を加えるべきものだなということです。多くの人は足は後ろに蹴って進むものだと思っているし、足の動きも前から後ろに回っているので誤解してしまうのも無理もありません。それくらい脚力のみで走ろうとしているランナーがたくさんいます。でもすぐに疲れるし効率よく前に進みません。

足は垂直方向に一番力が強く出せます。そして怪我をしない動きになります。作用反作用の法則で地面からも垂直に一番強い反発が返ってくるんです。でもそれだとカラダは単に上にポンポン跳んでいるだけになります。そこで重要になってくるのが腕振りを含む体幹の動きで起こす前方への重心移動です。これはナイキの厚底シューズを履くようになってさらに強く感じるようになりました。

その場幅跳びを例に挙げます。腕振りを含めた腰を一旦屈める反動動作、そして前方への胴体の重心移動があるかないかで大きく跳べる距離が変わってきます。反動動作なしの足のみで跳んでしまうと推進方向に利用できるのは足首のみだからです。大きな力を発揮できる膝や股関節筋群は前方への重心移動がない限り上方向のみに働いてしまいます。

ところが市民ランナーは胴体と腕振りの重要性をあまり認識していません。それどころか足の動かし方ばかりに気を取られて軽視する傾向すらあります。腕振りを有効活用できれば足はそのぶん無駄に蹴り出す必要がなくなります。ホイホイ進むようになるんです。

長距離走者のエリートランナーはあまり足に筋肉がついておらずほっそりとしていることが多いです。その割に肩や背中、体幹部にしっかりと筋肉がついているんです。それはマラソン世界記録保持者でありイネオス１：59チャレンジで見事人類初の2時間切りを達成したエリウド・キプチョゲ選手の上半身を見れば明らか。長らく長距離トラック競技の帝王として君臨したモー・ファラー選手の背筋の厚み、ケネニサ・ベケレ選手やハイレ・ゲブレセラシェ選手、そして２０２０年に５０００ｍ、１００００ｍと連続で世界新記録を叩き出したジョシュア・チェプテゲイ選手も体幹が分厚いです。いずれも短距離走者の筋肉隆々としたカラダとは質が違いますが上半身が発達しています。もう一度言います。カラダを前方方向に運ぶのは胴体の重心移動と腕振りの力です。

しかしキプチョゲ選手のランニングフォームを見ていて不思議に思ったのです。「何でケニア人はこうも腕を抱え込んで振るのだろう」と。多くのアフリカ系ランナーはかなり腕を折り畳んで振ります。一方、日本人は割と腰より下まで大きく肘角度をひろげて腕を振る選手が見受けられます。実際、駅伝やマラソンのテレビ中継で日本人選手に対して「しっかり力強く振れてますね！」と大きな腕振りを褒める解説をよく耳にします。確かに推進力を増すためには大きく振った方がいいのではないかと、そしてどうしてこんなに振り方に差が出てくるんだろうという単純な疑問がありました。この折り畳んだ腕振りや走動作の違いは、土道による裸足での走る機会の多さなど子供の成長期からの生活環境の違いにあるのではないかと【第1章】では分析しています。

　既刊をご覧になるとわかると思うのですが今まで腕振りに関して実はそこまでページを割いていません。腕振りにおいても最適解は存在するのは厳然たる事実。一方で色々な腕振りが存在するのも事実。短距離走の選手のランニングフォームはほとんど画一ですが長距離走は腕振りが個々の選手でかなりバラバラです。理由は単純にいうと長距離走は走るスピードが遅いからです。個人の癖が入り込む時間的な余裕があるのです。そして長距離走はランニングフォームの冗長性により、余計な力みが抜けてランニングエコノミーにつながることも多いのです。

　本書はそれら疑問に対して真っ向から分析を試みています。みなさんはランニングの指導で以下の言葉を聞いたことがあると思います。

「腕はしっかりと縦にまっすぐ振りましょう」
「肩甲骨を後ろに寄せて腕を振りましょう」
「胸を張って元気よく腕を振りましょう」
「拳で太鼓を叩くように振りましょう」
「体幹をしっかり固めて腕振りで上半身がブレないようにしましょう」
「肩甲骨を下に落とせるようになれば地面への圧が上がります」
「後ろに大きく肘を引けば大きく足が出ます」
「腕を強く振れば足のストライドが伸びます」
「腕をしっかり振って胴体をひねって骨盤に伝えましょう」

これらはおおよそ間違っているので一切忘れて構いません。
【第2章】【第3章】ではランニングにおける基本姿勢を骨格や筋肉の観点で一から丁寧に解説しています。

本書のサブタイトルにもあるターンオーバー理論。何を示す言葉なのかよくわからない方もいると思いますが、本書では腕振りでも足回しでも切り返す局面を「ターンオーバー」と称することにします。ターンオーバーとは英語で「裏返す」とか「反転する」という意味です。ランニングでは足を後ろに蹴り出す局面や膝を前に高く上げる局面は意識する必要はありません。素早く切り返すことのみに集中します。

足のターンオーバー局面において瞬時に「切り返す」ことがとても重要なのは、私の既刊でシザースという言葉で説明した通りです。地面に接地している局面が、唯一地球に自分のパワーを伝えられる重要な時間です。ただ接地時間が長いほど地面にパワーを伝えられるわけではありません。そして接地した時点で離地を意識して足で蹴り出していてはもう遅いのです。足が上空にある遊脚の局面でどれだけ素早く足を前に振り戻せるか、瞬間的に地面に力を伝えられるか。その先取り意識こそが足回しを改善し走速度も上げます。そして故障からの脱却のきっかけとなりえます。ランナーはシザースが身につくと、長年悩んでいたアキレス腱痛や足底筋膜炎、ふくらはぎの肉離れからも解放されるはずです。いまだ多くの日本人ランナーは地面を蹴り出し過ぎです。

足回しでターンオーバー局面が重要ならやっぱり腕振りにおいても「前に振る意識」でも「後ろに引く意識」でもなく、「上腕のターンオーバー局面が一番重要ではないのか」という考えに行き着きました【第4章】。しかし腕振りには足の着地のように大きなイベントがなく、メリハリがつけにくいのも確か。ただ何となく振っている市民ランナーは本当に多いものです。何かヒントはないかとキプチョゲ選手やその他エリートランナーの腕振りを眺めると、前腕の縦振りと後ろ振りのメリハリある二つの挙動が、足の地面への着地をキッカケとして明確にあらわれていることに気づきました【第5章】。もちろんケニア人だけではありません。日本人のエリート選手も、振り方の位置や大小あるもののその二つの挙動は明確に存在します。ところが市民ランナーではその挙動があまりない人が多いのです。これが推進力を著しく爆上げできる腕振りの最適解に違いないと確信しました。それらを「上腕ターンオーバー理論」として【第6章】【第7章】に詳述しました。

一方で副産物として生まれたのが「逆位相シンクロメソッド」です【第8章】。何となく腕振りと足回しの相関性を感じているランナーは少なからずいると思いますが、ターンオーバーの局面から出発して「足のこの動作と腕振りのこの動作は実はつながっているのではないか」という新たな発見が多数ありました。腕振りと足回しは驚くほど細かい部分まで強い影響を受け合っています。手足はシンクロしているのです。手足のタイミングがバラバラだとランニングは一所懸命速く走ろうとしてももがくばかりで前に進みません。この逆位相シンクロメソッドによってランニングフォームの自己診断がとても容易になります。改めてご自分のフォームが理にかなった手と足の連動ができているかぜひ確認してみてください。

走る路面によっても腕振りや姿勢は相当影響を受けます。【第9章】では坂道や陸上競技場のトラックなど路面状況による腕振りの変化を分析しています。

そして【第10章】【第11章】では２０１９年の57歳シーズンのフルマラソン挑戦について練習の日々と大会当日の模様を書きました。今回は撃沈上等！ かなりほろ苦いサブスリーへの道となってしまいましたがその結末やいかに。お楽しみいただけると幸いです。

本書を書くにあたって近所の公園でのジョグの間じゅう片腕ずつ振ったり振らなかったり、両手とも折り畳んだり、後ろで腕を組んでみたり、バンザイしてみたり、ダンベルを持ってみたり色んな振り方を試行錯誤を重ねながら形にしていきました。もう周りから見たら相当不気味なジョガーだったと思います。変な風に腕を振って走っては立ち止まりスマホを取り出しメモる作業を1時間以上繰り返すのですから。何度か自分で試してみて腑に落ちたことは周りのラン友さん達に試してもらいました。「これはまだ本にも書いてないことなんですよ」と言うと大抵喜んで試してくれましたが、やっているうちに徐々に曇った表情になっていくこともしばしば（笑）。中には訳わからないことを延々とやらされたという感想をお持ちのラン友さんもいると思いますが、実は「上腕ターンオーバー理論」と「逆位相シンクロメソッド」の検証作業だったのでした。ご協力有難うございました。

さて毎回恒例の一文です。私の肩書きは一応マンガ家ですが本書にはイラスト少々のみでマンガは一つとしてありません。さらにマラソン指導書にも出てこないような専門用語も少なからず登場します。なるべくわかりやすい丁寧な表現を心掛けていますが既刊と重複説明を避けるために簡素にまとめている場合もあります。また本書は読んだだけで速くなれる部分もありますが、やはり走ってみて試してはまた確認のために本を開いてみる、という読者にある程度の努力と想像を求める内容であることもつけ加えておきます。

もちろんランニングフォームの冗長性はあって然るべし。本書に書いてあることはすべてきっちり取り入れるべきといった類いのものではありません。「自分はこのままの腕振りがいい」と思えたら、それはそれで信ずる道を再確認できてよかったのだと思います。しかし本書を読まれたみなさんにとって参考になる部分が必ずあると私は信じています。本書を手に取っていただいたみなさんの走力向上、自己ベスト更新、そして故障や怪我からの復活にお役に立てばこの上もない幸せです。

みやすのんき

CONTENTS

第1章　アフリカ勢の腕振りが折り畳まれるのはやはり土道のせいだった

第2章　姿勢の基本　上半身編

第3章 姿勢の基本 コアユニット・下半身編

第4章 腕は前に振る？後ろに引く？上腕ターンオーバー理論

第5章 腕振りこそ後天的要素がモロに出る

第6章 腕振りの最適解

第7章 足ターンオーバー（逆位相シンクロメソッド序章）

第8章 逆位相シンクロメソッド

第9章 腕振りは路面状況で変化する

第10章 57歳シーズンの挑戦 つくばに向けて

第11章 つくばマラソン当日

【本書におけるカラダの名称と位置】

正面

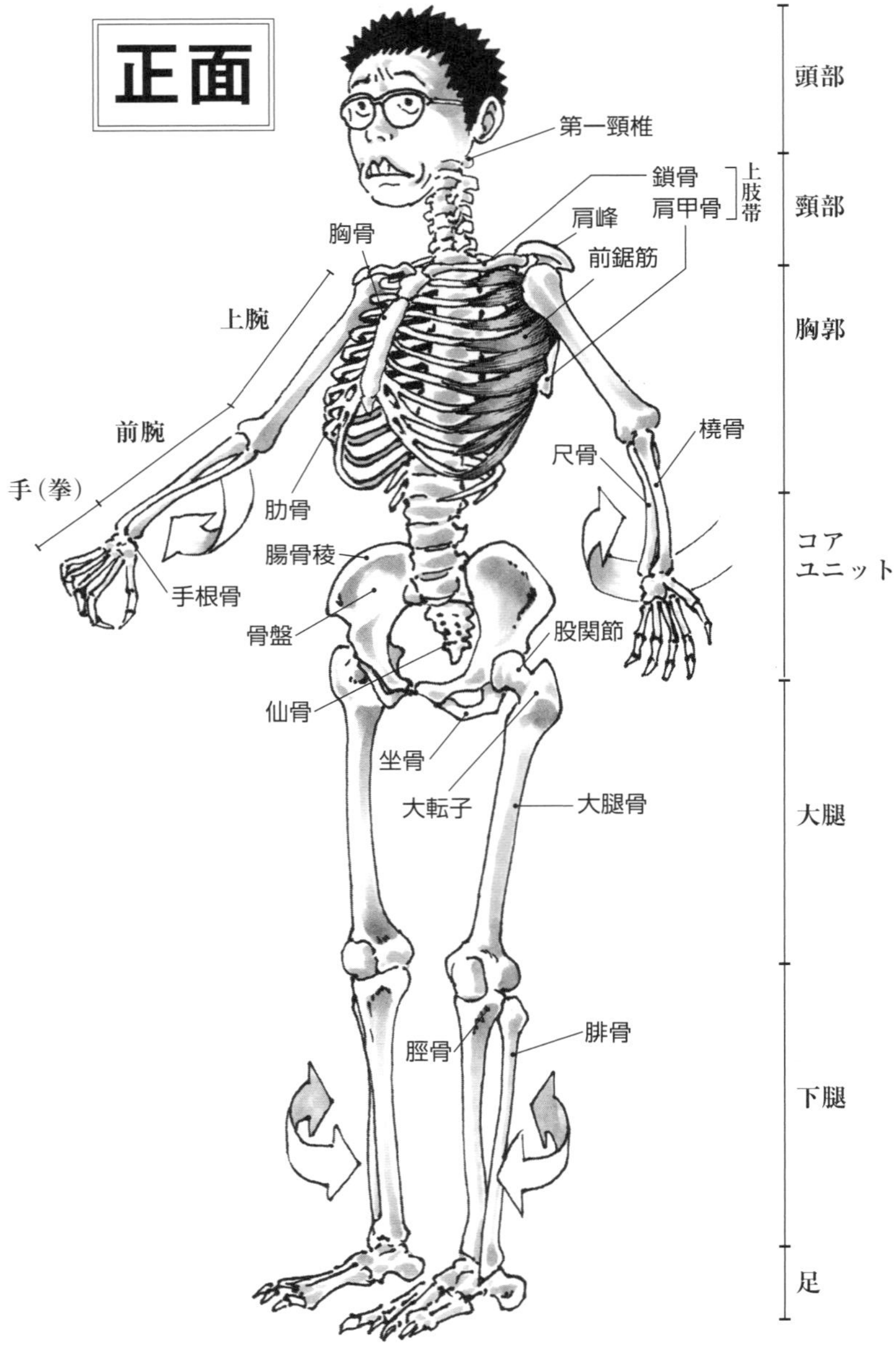

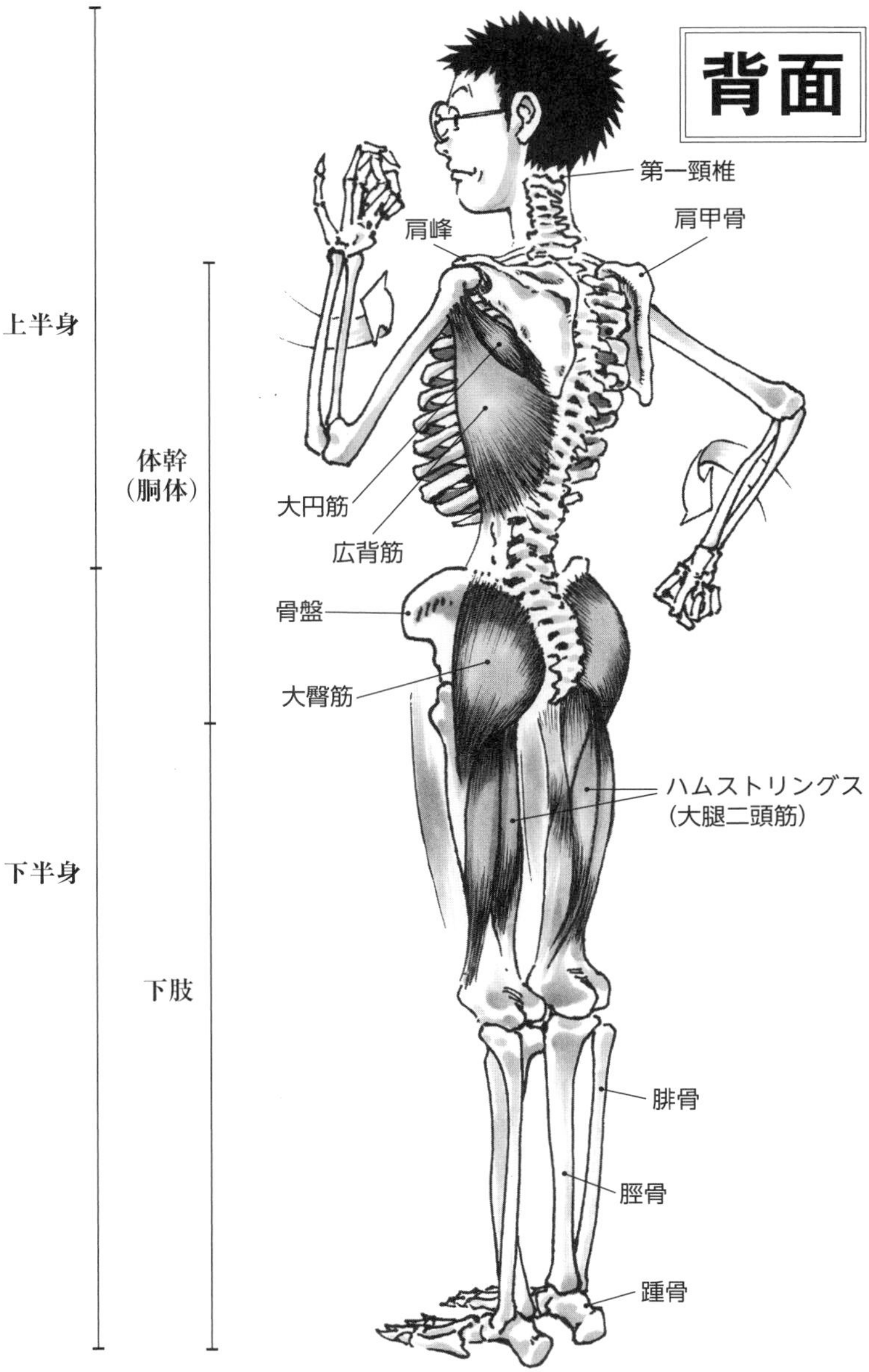
背面
第一頸椎
肩峰
肩甲骨
上半身
体幹
（胴体）
大円筋
広背筋
骨盤
大臀筋
ハムストリングス
（大腿二頭筋）
下半身
下肢
腓骨
脛骨
踵骨

マラソン大会で自己ベストを狙う場合は長袖より半袖、半袖よりノースリーブのランシャツの方が肩周りが動かしやすいので腕振りが楽になります。腕の重たさも変わります。ちょっとガチっぽくて恥ずかしいと思う人も一度試すとそのよさがわかると思います。お気に入りのウェアを着込めば「よし、やるぞ！」と気持ちも高まります。

アフリカ勢の腕振りが折り畳まれるのはやはり土道のせいだった

第1章

◉腕を大きく強振する利点とは何か？

腕を強く大きく振ることで速く走ることができると信じているランナーは多いです。さすがにジャンプ動作のように前に肘を伸ばして振り上げる人は長距離走ではいないと思いますが、後ろに肘を思いっきりひろげて振るランナーはかなりいます。確かに前腕を大きく振ると地面を足で押す力が増えるのは事実です。一歩一歩押す力も強まり、その結果ストライドも大きくなります。

よく理解できるのが短距離走におけるスタート局面です。ほぼ可動域を使い切るように両腕を前後にひろげます。つまり大きな腕振りは前方向への加速に有効ということです。似たような状況は階段や登り坂をダッシュで駆け上がる場面でも見られます。速度ゼロからの加速はカラダという重たい塊をグーッと前に進ませなくてはいけないので地面を強く押す力が必要になります。まだスピードが遅く、接地時間も長いために一歩一歩で強く押すことが求められるからです。そして長く地面を押し続けられるので大きな腕振りでいいのです。

腕振り自体の意識も前腕部を思い切り後ろまで振り切るくらい伸ばします。肘は90度固定にはこだわらずまっすぐ伸びてもいいくらい。静止状態からの加速の腕振りはそれでいいのです。しかし一旦スピードに乗ってしまうと足裏は地面は押すというより瞬間的にタッチするように接地時間が短くなり足の回転数が上がっていきます。そうすると大きく腕を伸ばしたまま振り続けるのはそれだけ大きな力が必要になりエネルギー消費が増大してしまいます。

さらにスピードが出てきてからも腕を強く振ろうと意識し過ぎると、カラダが固くなります。スピードが出てきたら、むしろ力を抜いてリラックスを心掛け、後ろに引いた肘はなるべく鋭角にコンパクトに振るようにすべきです。短距離走のあのウサイン・ボルト選手もまた加速が終わって中盤からゴールまでの局面は肘を折り曲げて振っています。つまり大きく腕振りをする重要性があるのは加速局面であり、そのほとんどが等速で走る長距離走では腕振りはコンパクトでいいことになります。等速になっても大きく腕振りをすることはまだ加速し続けようと無駄に頑張るのと同じです。

◉ラストスパートで大きく腕を振るのはターボエンジン

世界陸上やオリンピックは夏場に行われるので長距離走はあまり記録は望めません。選手が固執するのは順位、そしてメダルの色になります。ペーサーもいないことから往々にして駆け引きでゆっくりしたペースの展開になり、トラック競技ではラスト一周の鐘が鳴らされてからヨーイドン！　の展開になることが多いのです。ゆっくりとしたペースといえども、それは最後にメダルを競い合う上位の選手にとってのゆっくりなので、参加標準記録ギリギリで国の代表となった日本人選手らは振り落とされて周回遅れになることも多々あります。ラスト１周で先頭集団のスピードがさらにグワーッと上がりますが、その切り替えに使われるのが腕振りです。

　長距離走女性選手にオランダのシファン・ハッサンというエチオピアから国籍を変更した選手がいます。彼女は２０１９世界陸上ドーハ大会でほぼ違うジャンルの１００００ｍ走と１５００ｍ走でダブル金メダルという驚異の偉業を成し遂げました。１００００ｍ走のハッサン選手は集団の後方で眠ったかのごとく視線も伏し目がちで静かな走り。彼女は細身で手足がとても長いのですが、腕振りも脇を締め肘を折り畳みエネルギー消費を最小限に抑え、足も小刻みなピッチ走法で省エネにずっと徹しました。ライバルのヘレン・オビリ選手やレテセンベト・ギデイ選手がけん制し合って中盤のロングスパートで揺さぶりをかけて順位を何度も入れ替える消耗戦にも淡々と後ろでついていくだけ。そして最後の１周で「ココが勝機！」と見るや、覚醒したかのように腕を全開でブンブン振りまくって見事トップに立ち、スプリント走よろしくゴールに飛び込みました。このようにコンパクトな腕振りはランニングコストを最小に抑えることができます。そして大きな腕振りはゴール前のラストスパート、最後にターボエンジン全開に切り替えられる爆発力に使うことができます。

逆に１５００ｍ走のハッサン選手は最初から先頭に立って腕振りも力強く後続を大きく引き離し、誰も寄せつけない実力の差を見せつけました。彼女はこのようにスピードもあるうえに持久力もあります。その大きな武器となっているのは二段ロケットのような腕振りの切り替えです。

とはいえ長距離では最初から大きく腕を振ってしまうとハッサン選手のような世界的なエリートランナーでも後半でスタミナ切れを起こすのは自明の理。私もスプリント走の練習では大きく腕を振ります。前腕も腰より後ろまで振った方がストライドも伸び速く走れます。しかし長距離走ではランニングエコノミーを念頭に置いて腕はまず折り畳むのが賢明な策だと思います。

◉アフリカ長距離勢に見られる腕を折り畳むことの利点とは

糸の先に錘《おもり》をつけた振り子をイメージしてもらえばわかりやすいと思いますが、糸が長い振り子より短い振り子の方がテンポが速く振られます。これは小学校5年生の理科で習います。糸の長さにのみ影響され錘の重さや振れ幅は関係ありません。長いとそのぶん、ゆっくりになるのです。それと同じで腕振りも肘を伸ばして振るより肘を折り畳んで振った方がコンパクトに速く振れます。そして折り畳まれると腕の遠心力も弱まり上半身が振られにくくなります。エネルギーロスも少なくなります。手をだらんと下げたら折り畳むより疲れないで済むというのは大きな誤解です。そのぶん余計に上半身が振られます。エリウド・キプチョゲ選手は一番肘を伸ばした角度でもおおよそ90度より狭く、ほとんど60度以内に折り畳んで振っています。なので非常にコンパクトな腕振りになり足のピッチ向上にも大きく寄与しています。キプチョゲ選手に限らずアフリカ系長距離ランナーは均一的に肘を折り畳んで腕振りをする選手が男女分け隔てなくとても多い傾向にあります。

　彼らは持って生まれた細く長い膝下があります。ランニング時の消費エネルギーは振り回す足の質量が小さいときわめて有利になります。そしてうらやましいことにバネエネルギーに効率よく変換できる強靭なアキレス腱を持っているために、意識的に伸ばそうと思わずとも自然に大きいストライドで走れる資質があるのです。むしろ放っておくとストライドがひろくなり過ぎる傾向があり、肘を折り畳むことによって足回しが間延びせずピッチを稼ぐ選択に自然に寄っていくのではないかと思われます。

◉バランス能力の高いアフリカ系ランナーは腕を折り畳むことを選択する

もう一つ考えられる説はアフリカ系のランナーは轍《わだち》の残る土の道や草原の大地を子供の頃から裸足で登下校や仕事で長時間走ることが多いということです。不整地を足探りしながら走る結果、フォアフット着地になりやすいと思われます。

不整地を走る場合、轍に足を取られないようにするには、地面に接する時間が短いほど足裏が路面の影響を受けずに安定して走れます。つまり地面に踵から入ってベタッと足裏をローリングさせて指先まで抜けるより、前足部からピンポイントに接地して瞬時に抜ける方がバランスを取りやすいのです。そもそも後ろまで地面を蹴ろうとしても滑って土ぼこりが舞うだけです。おのずと地面を蹴らないで足裏をスッと前に抜く離地感覚が身につきます。草に足を引っ掛けたり石ころで足裏を傷める危険性も回避できます。

さらに土の不整地中心だとランニングフォームにも変化が出てきます。腕振りは大振りせずにコンパクトに小さく強振した方が地面との接地時間を短くできます。つまり自然に腕はずっと折り畳まれるようになっていきます。地面を長く押し続けるストライド走法より、土道ではピッチ走法を選択しがちなのです。ケニア人は子供の頃から不整地を走り込み、そのようなランニングフォームを獲得しやすい土壌があるということです。実際、アフリカ系のランナーはマラソンコースで石畳など不整路に出くわしても欧米や日本のランナーより頭や上半身が振られる度合いがとても低いことがわかっています。

◉アフリカの選手は制振目的に腕振りをする必要がない？

スラックラインという細いベルトに乗る綱渡りのようなスポーツがありますが、人は細い平均台や塀の上を歩く時にバランスを取るために手を伸ばしてひろげます。手を折り畳んでいたらバランスが取りにくいからです。

　腕振りの大きな目的の一つにバランスを取ることが挙げられます。腕は足に合わせて相対的な動きをすることによって足から起きる胴体のねじれ回転や地面か

細いところを渡ろうとする時、人間は両腕をひろげてバランスを取ろうとする

らの振動を吸収しているのです。

一方で土道は凹凸がありバランスが取りにくい反面、アスファルトより着地衝撃は弱く、足にも体幹にも優しいです。アフリカ系のランナーは幼少期から不整地を裸足で走るため、故障など気にすることなくふくらはぎやアキレス腱の筋腱スティフネス※が自然に鍛えられます。高いバランス感覚も身について腕振りを制振目的に使う度合いが少なくなるのではないでしょうか。だからバランスを取ろうと腕を伸ばし気味に振る必要がありません。そして制振に腕振りを使わないぶん、ピッチを上げて前進する目的にのみ腕を使えるようになり、コンパクトに折り畳んだ腕振りを自然とチョイスするのではないかと思われます。実際、クロスカントリー大会だと状況によって足を取られるほどの泥濘《ぬかるみ》がコース中にありますが、さすがに彼らもその局面だと手を下げ気味に振ります。

◉長距離日本人ランナーの腕がかなり低い位置で振られるのはなぜか

長距離走では特にリラックスした腕振りが重要な要素になってきます。アフリカ人選手は顕著に腕を折り畳み、臍より高い位置で振りますが、欧米の選手もまたケニア人ほどではありませんが、かなり鋭角に折り畳み、高い位置で腕を振る選手が多いです。それに比べて日本人長距離選手は脇が開き肘の角度をひろげて下で大きく振るランナーがよく見ら

※筋腱スティフネス……速いランナーはふくらはぎの筋肉が硬直し筋繊維があまり伸ばされず、アキレス腱が伸び縮みすることによって強力な弾性エネルギーを得ることができる。

れるのです。これはとても興味深い現象と思います。

今は大迫傑、設楽悠太、中村匠吾選手など上で振る選手も増えた印象ですが、まだ短距離走や中距離走と同じように長距離走でも下まで振っている選手もけっこういます。それでは横ブレが起き、それを抑えるために体幹を固めて走らなくてはいけません。日本人選手は拳の位置も横から見て胴体より後ろまで振っている印象です。アフリカ系の選手は短距離走と長距離走で腕の振り方が明確に違いがあります。

幼少期の神経系の発達はその後の成長期を過ぎた選手の運動能力の大きな差となってあらわれます。大人になってからどんなに練習しても獲得できないスポーツパフォーマンスの次元が存在するのです。日本人の多くは子供の頃からグリップの高い運動靴をしっかりと履いた上で、平坦できれいに均されているところしかあまり走らない環境です。滑るかどうか気にしないで踵から着地して、最後まで蹴り出せるグリップの高い舗装路にしか接する機会がないことが多いのです。すると地面に足の力をずっと伝えやすいランニングフォームを選択しやすくなります。腕をブンブン大きく振って縦振りと横振りが曖昧で接地時間が長くなってもきれいに均された舗装路なら足の指先までグリップしてカラダを押し出してくれるのですから。

◉腕振りの折り畳み具合で体幹をどう使うかが決まる

実は腕振りの肘の折り畳み具合で体幹をどう使うかが決まるのです。腕を折り畳んで走ると胴体のうち胸郭あたり（鳩尾《みぞおち》より上）を中心に使います。腕振りは小さくコンパクトになるのと同じく、その影響下にある体幹も小さくコンパクトに動くようになります。胴体のうねりによって生み出されるエネルギーも小さくなりピッチ指向になります。

ケニア人のように膝下の細さと筋腱スティフネスの強さでバネエネルギーに効率よく変換できる足を持っている場合は胴体のエネルギーを大きく使わなくとも速く走れます。わざわざ腕を大きく振ることによってストライドを伸ばす必要がないからです。

一方、腕を伸ばすと胴体は大きく振られるようになります。前述の振り子の長さと同じで、胴体を長く使うぶん、うねりも大きくなりエネルギーも大きいものとなります。足が短く太い傾向があり、バネエネルギーの有効利用ができない日本人選手は胴体のエネルギーによるストライド指向になってしまうのではないでしょうか。つまり胴長の体型を活かそうとすると腕は下で大きくひろげて振られるようになるということです。

腕を伸ばして振るほど確かに地面を押す力は増大するので、若いうちにグリップのいいピンスパイクシューズを履き、トラック種目から始める日本人学生選手は腕を下げて振り

アフリカ系に多い腕を抱え込む振り方。胸郭中心にコンパクトな動きになり、接地時間が短くピッチ寄りの走りになりやすい。抱え込む時にいかり肩になってはダメ。肘の引きが鋭くなる傾向にある

胴体を使ってストライドを伸ばす選択をしがちなのかもしれません。そして国際舞台に駆け上がった選手もまたどうしてもカラダの筋力とバネで負けてしまう海外の選手と渡り合うには、腕振りを伸ばして胴体を有効利用してストライドを稼がないといけないという発想になってしまうのかもしれません。

◉「とにかくストライドをひろげたい」という日本人の意識

さらに考えられるのは日本人ランナーは概してストライ

日本人に見られる腕を下げる振り方。胴体を大きく使えるようになる。しかしゆったりした動きになりストライド寄りの走りになりやすい。前腕を下げるぶん肘の引きが甘くなる傾向がある

ド偏重の傾向にあるのではないでしょうか。その意識の根底に存在しているのは小学校や中学校で行われていた健康診断の謎の検査「座高測定」が考えられます。「健康管理とはまるっきり関係がない」という理由で２０１４年によやく廃止されましたが、そもそもなぜそんな項目があったのかというと、明治政府が１８７８年、徴兵制度で「胴体が長いと内臓が発達している」と考え、足が短ければ重心が低くなり「いい兵士になるから」というバカげた理由

で始まったのです。それは昭和と平成の多感な日本の子供たちにとって胴長の数値として比較され、いかに自分は短足かを思い知らされるという屈辱的なトラウマが植えつけられる結果となりました。これは足がスラリと長い西洋人に対する日本人の短足コンプレックスの形成に一役買ったのです。電車など長椅子に座るにしても背筋を伸ばすと胴長に見えるために、「座高が高いと恥ずかしい」と浅く腰掛けて骨盤を後傾させて猫背で座った経験をお持ちの方も少なからずいるのではないでしょうか。

ランニングにおいてピッチとストライドは相関関係にありますが、日本人はどちらかというとピッチが多いのは短足、ストライドがひろいことが足が長い証拠とみなします。「とにかくストライドをひろげて走りたい」というストライド優越性を持っている人が多いのです。特に若いランナーは学生の部活動のなかでストライドがひろいと「カッコいい」という優劣で考えるところがあるのではないでしょうか。そして背の小さい人ほど身長に対するストライド比が大きい傾向があります。

ストライドは現時点より伸びるに越したことはありませんが、筋力強化や走動作改善など長期に渡った俯瞰的視点をもって取り組むことが必要になります。実際には短距離走でも長距離走でも、後半のピッチ維持が鍵で、自己ベストはストライドはそのままであっさりとピッチが上がって達成する場合が多いのです。

姿勢の基本
上半身編

第2章

◉ほとんどの人は日頃自分がどういう姿勢でいるかわかっていない

世の中には姿勢について書かれた本が多く出回っています。大手通販サイトのアマゾンで「姿勢」で本を検索すると二千件以上ヒットします。本だけではなく猫背矯正ベルトや腰痛サポーターなどバンバン出てきます。それほど日本人は姿勢を気にする国民性のようです。それはランナーも同じです。ランナーがランニングフォームで気にするところの第一位は姿勢です。でもほとんどのランナーは細かくどこを気にしているのか問うと曖昧なんですよね。「あ、猫背？　あと腕振りとか腰が前屈みな気もしてるし、あとカラダが固くって……」とかなりざっくりしたイメージです。肩甲骨、骨盤、それらのパーツがあることは理解しているものの、どこを意識してどこをどう直せばいいのか理解できていないのです。それは簡単にいうと日頃自分がどういう姿勢でいるか、そしてどんなランニングフォームで走っているかよくわかっていないということではないでしょうか。

◉間違った姿勢がいつしか正しい姿勢としてカラダに記憶される

この本を手に取って読み始めたみなさんはおそらく姿勢の意識高い系の方々でしょう。では問います。あなたは普段ちゃんとした姿勢を取れていますか？　この本を書店で立ち読みしているなら、またはカフェで座って本を開いた人もまずは顔を少し上げて斜め上を見てください。その時に首に凝りがあってあまり上を向けない方はいませんか？　または顔を上げると同時に肩も上がってきてどんどん首が埋まっていく感覚の人はいませんか？　または頭と首の間にシワができて上を向きにくいと感じませんでしたか？

　実はそれは首が日常の状態で前に突き出てしまっているから起きることです。その状態のまま首を上に曲げようとしてしまうために、肩がすくんだり首が埋まっていくのです。原因は猫背で、後頭部と首の間に負荷が掛かってしまっています。その間違った姿勢を朝起きてから夜寝るまでずっと日常的に維持し続けているがために、いつしかデフォルトの正しい姿勢としてカラダに記憶されてしまったのです。

◉基本ができていないのにアレコレ足してもダメ

「猫背になる」とカラダ全体がそれに引っ張られます。胸や肩が閉じて窪んだ姿勢になっていく↓肋骨が落ちてしまう↓背筋が前に曲がるどころか、側弯気味に座る癖がつく↓下腹がポッコリ出る↓骨盤が後傾して椅子に浅く腰掛けてしまう↓立っていても膝が常に曲がった状態になる↓踵重心で浮き指になる悪循環。カラダは全部がつながっているのでパーツの位置が一つでも間違っていると影響を受けて各所がバランスを取ろうと引っ張られ

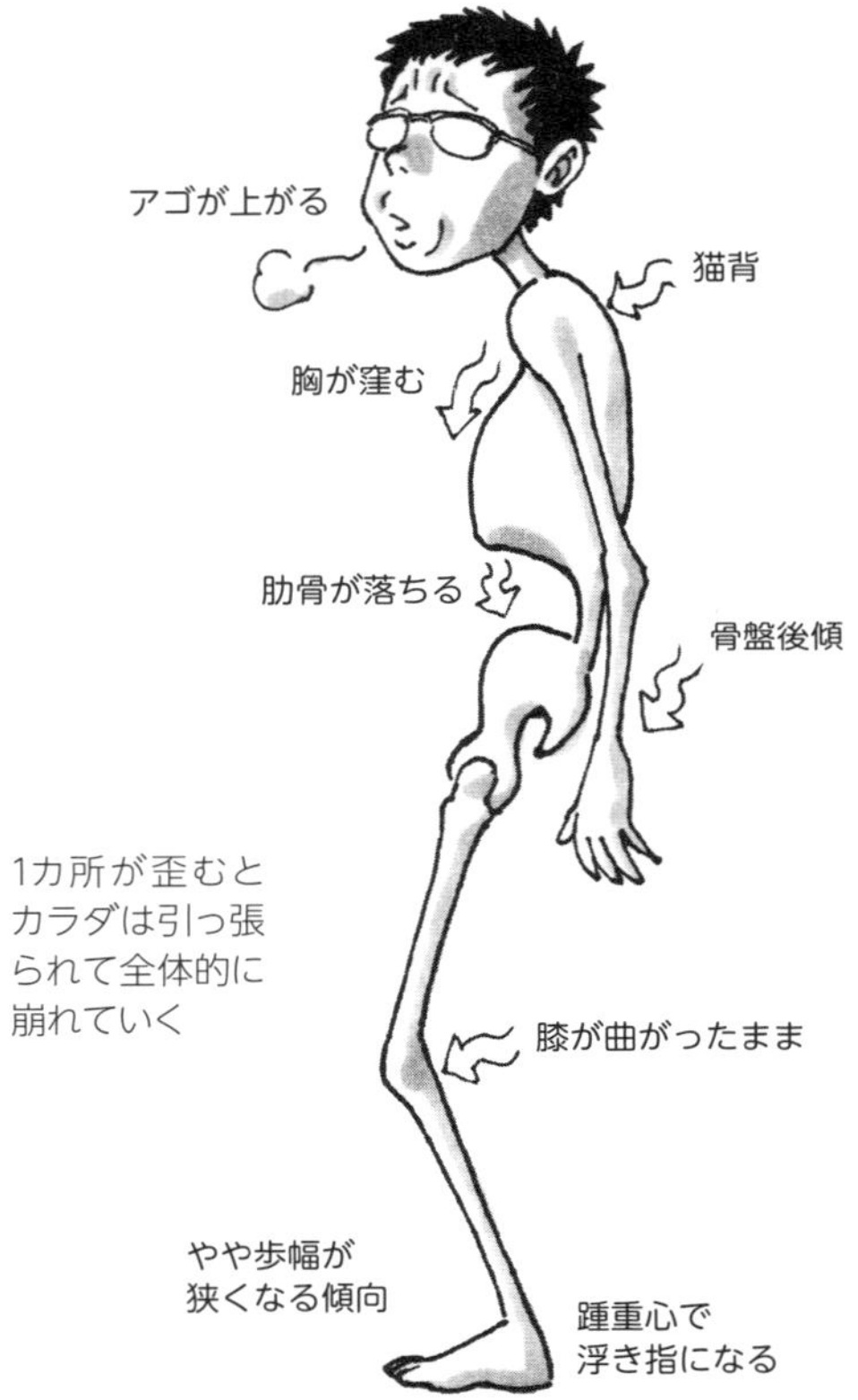

て歪みが出やすくなってしまいます。

　このようにカラダのニュートラル感覚が間違っている状態で、一部分の猫背や骨盤後傾のみを直しても、たいてい元の悪い姿勢に戻ります。そちらの方が今のあなたにとって落ち着くからです。ゆえに第2章と第3章をかけてランニングで腕を振る前の普段の立ち姿勢から解説していきたいと思います。もちろん腕振りに関して解説した第6章から読まれても問題ありませんが、普段の姿勢に自信がない方はぜひ読まれることを強くお薦めします。まずは基本の姿勢を固めて、その延長としてランニングの時に気をつけるべきポイントというのを意識していくようにしましょう。

◉悪い姿勢をどんどん減らす取り組みが大事

基本の姿勢を作るにはあれやこれや足していくのではなく、頭がつい前に出る、いかり肩になるなど今カラダについている悪い癖をどんどん減らす作業から入らなくてはいけません。それは走る時にもいえることです。悪い癖というのは速い動きの中で余裕がない時に修正する作業はしにくいものです。普段、猫背で悪い姿勢の人がランニングする際に、いきなり姿勢がよくなる人もたまにいますが、ずっと維持するのは難しいのでマラソンの30km以降はほぼ普段の姿勢に戻り、筋力の弱い部分や悪い癖が反映されやすいです。

こう書くともう「何だよ、すぐに速く走れるようになるコツとか教えてくれるんじゃないのかよ」と本を投げ出したくなるかもしれません。でも大丈夫です。正しい姿勢の意識は筋トレなんかより即効性があります。悪い癖がそぎ落とされていった結果、スッと正しい軸がカラダに生まれてきて、読んだその直後に走り出したとしても、途端に速く走れるように必ずなります。姿勢の意識は筋トレを上回るのです。

◉第一頸椎という大切な意識

先ほど首の後ろのシワのできる部分と書きましたが、専門用語で書くと首の骨は頸椎《けいつい》といって背骨の首の部分に7個の骨が積み木のように重なっています。その頸椎でも一番上の部分を第一頸椎、第二頸椎といいます。なぜ二つ書いたかというと第一頸椎は環椎《かんつい》といってリング状、第二頸椎は軸椎《じくつい》と呼ばれペアとなってリングを貫く形で、第三頸椎以下とは全く異なる形状をしているからです。第一頸椎と第二頸椎の間にある環軸《かんじく》関節は体軸に垂直な回転軸を形成し、頭部を旋回させる重要な働きがあります。

なぜそのような形状なのかというと、頸椎の他の椎骨と異なり、環椎と軸椎は関節可動域が非常に大きいのです。首を曲げて左右上下に顔が向く行為は主に第一頸椎、第二頸椎が担っています。真横を向こうとしても顔が斜め横しか向けなくなっているというのは第一、第二頸椎の動きが悪くなっているということです。この第一、第二頸椎はランニングでも重要な意識となるパーツなのでぜひ覚えてください。第一頸椎、第二頸椎といちいち書くのは長いので本書では第一頸椎と省略します。第一頸椎の意識を知っただけでもみなさんは本書を買った元は取れたも同然です。明日からいきなりランニングフォームはよくなります。

◉頭を軸に置くべきではない理由

第一頸椎はカラダの軸の中心として頭部の重み（およそ6〜8kg）を受けとめています。

頭のサイズの大きなヤカンに水を満たした状態を支えているということです。ボウリングの球が約６kgですから頭はかなり重たいですよね。第一頸椎は脊椎の中でも動きが特に大きく、重たい頭を前後、左右あらゆる方向へ動かし維持します。また脊髄という太い神経と脳へ酸素を供給する椎骨動脈が通っているカラダの中でも重要な部分です。

ランニングで徐々にスピードを上げていくに従い、カラダの軸意識はとってもシビアなものになっていきます。ほんの少しのバランスの崩れがスピードロスにつながるためです。さらに疲れてくると頭部は容易に左右前後にグラつき始めます。頭はおおよそ直径20㎝。頭蓋骨はとても大きいので軸は視線一つ取っても曖昧で崩れやすいのです。漠然とした頭部よりも、点で意識しやすいのは第一頸椎。ピンポイントに３㎝ほどの細い軸意識を作れている方が重心がバラけず効率よく走ることができます。

◉首をキリンのように長く見せる

第一頸椎を意識する際に重要なのは背骨全体を第一頸椎に向かって引っ張り上げるようにすることです。よくランニングの指導書では「頭をピンと糸で真上に引っ張る意識」と書かれていますが、頭のてっぺん意識だと頑張って走ろうとするとアゴが上がって上半身が反り上がってしまうというランナーも多く、後ろ重心になってしまいます。首が胴体に埋まっているような姿勢はダメです。首を胴体から引っこ抜いて伸ばしてください。これはランニングだけではなく日常生活から気をつけられるポイントなのでぜひ取り入れてみてください。頭を引き上げるのではなく背骨。第一頸椎を引き上げる意識の方がバランスを保ちやすくアゴもやや引きやすいです。運動する時にはアゴを引くことがよい姿勢と捉えられている場合が多いですが、アゴを引く＝おでこが前に下がることではありません。そうすると頭が前に出てしまいます。正しくはアゴを引く＝首を伸ばすことです。

　また疲れてくると徐々に頭が下がって視線を落としてしまうランナーはとても多く、そうすると軸の大元の部分が崩れてしまいます。軸がズレてしまうだけでなく僧帽筋や背中にも大きな負担が掛かります。しかし第一頸椎で背骨を引き上げる意識を持つと軸はブレなくなり頭も動きにくくなります。地面を見るなら頭はできるだけ高い位置を保ったまま目線だけ下を向くようにしましょう。頭はいつも高い位置、すなわち第一頸椎の意識です。特に中高年でバランス感覚が衰えた人にはとても有効です。首を縦に伸ばしてなるべく長く見せるようにしましょう。例えばものを書いたりパソコンに向かう時に頭が下がると僧帽筋に大きく負荷が掛かり猫背になり上半身も「く」の字に屈みやすいです。普段から背骨の軸を意識して第一頸椎を引き上げたうえで頭は動かすようにしてください。

◉姿勢を正す＝ランニング時は胸を張る？

みなさんは「背筋をピンと伸ばしましょう」とか「ちゃんと胸を張れ！」と子供の頃から言われてきたと思います。しかし背筋を伸ばすということは背中を反らせることと誤解している人が多いです。そして一般に姿勢を正すというと猫背にならないように胸を一所懸命張ろうとします。日本人はすごく猫背コンプレックスです。やればやるほど胸が前に

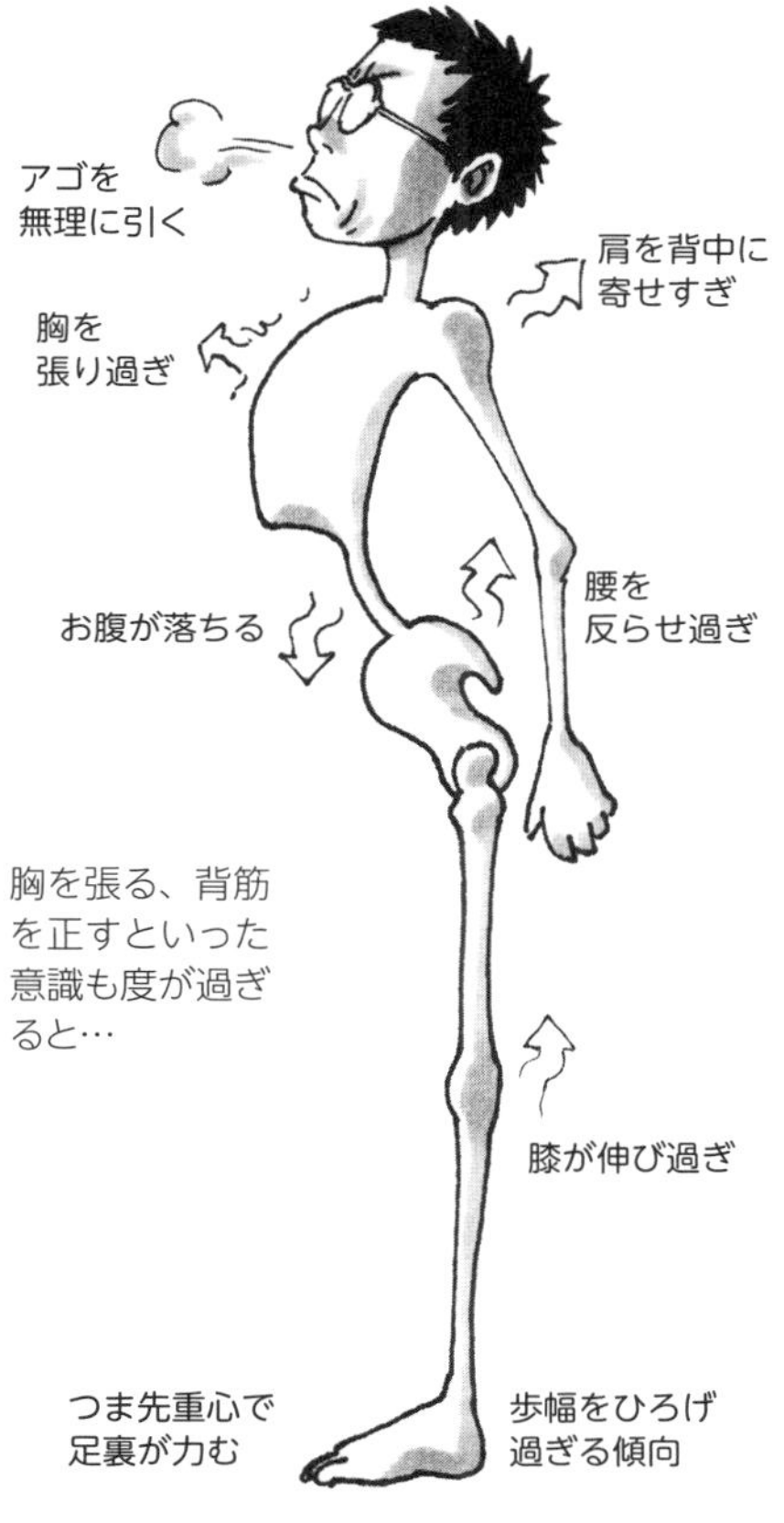

出て軸が保てないダメな姿勢になっていきます。

「胸を張ること」を変に意識するとまっすぐ背骨が立った姿勢が保てず、胸が飛び出してアゴが上がった姿勢になりがちです。胸を張るとい

う過剰な意識から、背中を反る↓アゴを無理に引く↓肩が後ろに固まったままになる↓胸が開きっぱなしになる↓肩甲骨を寄せて動かせなくなってしまう↓お腹が突き出る↓腰が反る↓つま先重心で足裏が力むという悪循環にどんどん陥ってしまいます。そもそもそんな無理した姿勢は長続きしません。疲れて反動でまた猫背に戻ってしまいます。

マラソンにおける正しい姿勢は無理に胸を張ったり肩甲骨を寄せる必要などないのです。むしろカラダをボールのように地面から弾ませることができず速く走れない原因になります。

◉上体の前傾なんて気にしなくていい

その場で立つ時はただまっすぐ立てばいいですが、実際のランニング動作では前方への重心移動という作業を伴います。つまり微妙にカラダの重心を前に傾けてあげると走りやすくなります。ランニングの基本姿勢は前傾にあると聞いた人も多いでしょう。ただこれも意識してカラダの前傾を作っても意味がありません。ランニング指導書のなかには上体の前傾を倒せば倒すほど速くなると書いてあるものもありますが、書いた人は実際に走ったことあるのかな？　と首をかしげます。それでは足や腰に大きな負担が掛かるし最後にはつまずいてコケます。短距離走だって最初の加速時では前傾が大きいものの（45度程度）

最高速に近づくにつれ、上体はほぼ直立姿勢になるのです。長距離走にいたってはほぼ等速なので、上体の前傾は伴わなくてもよいのです。

◉前屈みになると腕が後ろに振れなくなる

初心者は意識してカラダを前傾させた場合、たいてい頭が少し前に出た上半身のみの前屈となってしまいます。そして特に疲れてくると「胸が閉じる」といって肩が前に落ちた前屈み姿勢になります。そうするとバランスを取るために骨盤は逆に後傾になるので、意図と反して一番悪い「猫背で前屈み＋へっぴり腰」セットが完成し、肘が前側に落ちて腕振りが後ろに振れなくなり可動域の制限が生じてしまいます。自分ではよいと思って前傾姿勢をしているつもりでも、実は間違った姿勢に誘導してしまっているのです。

前傾姿勢はするものではなく、自然になるものです。本人はまっすぐと思っていても軽く前傾しているくらいがちょうどいいのです。もちろんエリートランナーでも上半身は前傾せずにほぼまっすぐな人が多くいます。あなたの前傾姿勢、ひょっとして前屈みのへっぴり腰になっていませんか？

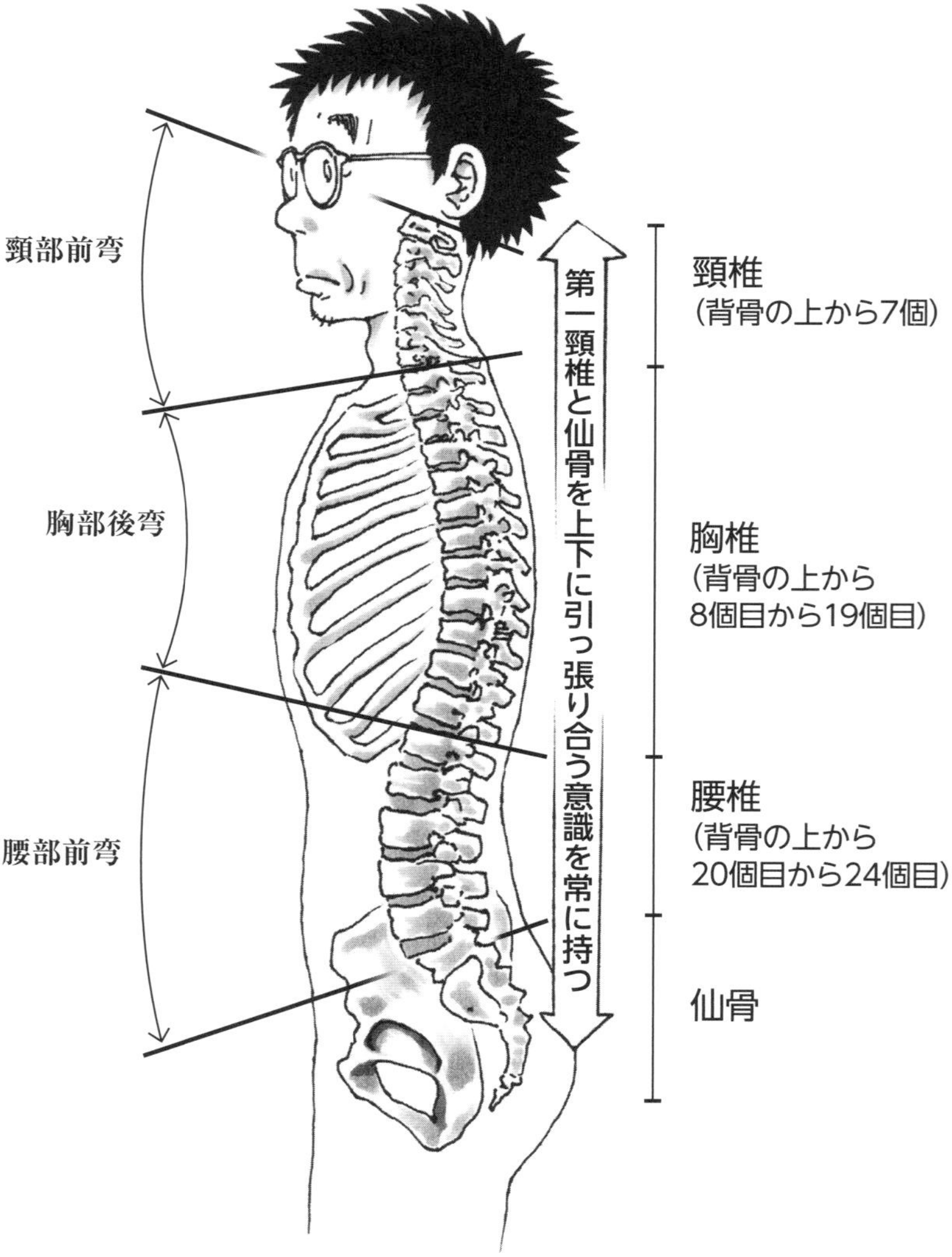
頸部前弯
胸部後弯
腰部前弯
第一頸椎と仙骨を上下に引っ張り合う意識を常に持つ
頸椎
（背骨の上から7個）
胸椎
（背骨の上から
8個目から19個目）
腰椎
（背骨の上から
20個目から24個目）
仙骨

◉胸椎を上に伸ばしてあげる意識が大事

背骨というのはまっすぐではなく、着地などカラダに受ける衝撃をやわらげるためにＳ字カーブが自然についています。そのうち腰椎と頸椎はやや反った形をしていて胸椎は前に丸まっています。だから胸を張ったとしても背骨全体を後ろに反れるわけではありません。姿勢が悪い人の多くは背骨のＳ字カーブが深くなりがちなのです。普段の立ち姿勢もそうですが、ランニングの場合、胸椎は縦に長く伸ばすようなイメージを持つといいでしょう。まっすぐにはなりませんが、軸伸展といって胸椎のカーブを少し長くするというのはできます。それによって背筋はピンと伸びるようになります。

◉胸椎を反らそうとすると頸椎に過負荷

胸を張ろうと意識してしまうがあまり、顔が上を向いてしまうほど背中を反らせてしまう人がいます。特にランナーで苦しい時ほどそっくり返って走ってしまう人がいます。カラダがまっすぐ立った姿勢なのに背中を反らせてしまうと、頭はどっちかというとカラダより後ろ側に落ちてしまいます。本人は骨盤前傾で上半身が前傾しているつもりなのかもしれません。しかし肉づきがよい人、デスクワークで背中周りが凝り固まっている人は胸椎があまり伸びずに頸椎だけ反ってしまいがちです。その場合、気をつけるべきはカラダを反らせる前にまず伸ばす意識を入れることです。カラダを伸ばさないで反らせるから首だけのけ反ってしまうのです。カラダ全体で前傾姿勢を取る場合も、まずは背中は反ることを意識するのではなく、ただ背筋を伸ばすことを心掛けましょう。当り前ですがランニングの前傾姿勢でカラダ全体がまっすぐだと頭が一番前に出てしまい、僧帽筋など背中周りの筋肉に負荷を掛けてしまい、前屈みになって胸が落ちます。頭は胴体の上に乗せてあげると楽なのだと思ってください。その場合アゴが少し上がっても構いません。

◉胸椎を伸ばせば腰椎の負担を逃がすことができる

お腹が抜けているというのは骨盤が後傾している場合でも起きますが、骨盤が前傾し過ぎて反り腰になっている場合でも起きます。言い換えると下っ腹が出過ぎると反り腰になって出っ尻になってしまうということです。そうすると横から見て背骨から腰が後ろに反れてしまっているということになります。すると腹筋が斜め下に抜けてしまって骨盤の土台から外れてしまいます。ある程度の上半身の反った姿勢は推進に役立ちますが、それは胸椎まで。腰椎を無理に反らせて骨盤のみを前傾させてしまう意識は体幹をうまく使えないばかりではなく、腰痛の引き金にもなります。

欧米の選手は骨盤前傾が強いといわれますが、大きく発達した大臀筋でそのように見えることが多いのです。見た目の骨盤前傾を意識して背中を反らせようとすると、腰のみ強く反らしてしまって胸椎が伸びない人がいます。うつぶせ寝から腕立て伏せをするように両手を立て背中を反らせようとしても、頸椎と腰椎だけが強く反ってしまうのです。その場合は、まずアゴを上げてゆっくりと頸椎↓胸椎の順番に伸ばして反らせていく意識を持ちましょう。腰椎を反らすのは一番最後。何なら反らせる意識は持たなくていいくらいです。伸ばす感覚でじゅうぶんです。

◉胸郭は動く鳥カゴのごとく

さて、では人間の体幹を構成するうえで腕振りに一番直結する上半身における大きなパーツ、胸郭について解説していきましょう。背骨の胸椎の前側に存在し、肩甲骨や鎖骨を含む上肢帯の屋台骨でもあります。肋骨、あばら骨ともいいますが、肺が収まる胸郭のことをリブケージ RIB CAGE といいます。リブという言葉はスペアリブという肉の部位で有名ですね。あばら骨の骨つき肉。ケージは鳥カゴという意味です。肋骨という細い骨でできたカゴというイメージで捉えるといいと思います。胸の前には胸骨という固い骨があって、そこから横にやや柔らかい肋軟骨が伸びていて、肋骨につながり弧を描いて肺と心臓を守るように囲んで背骨までつながっています。

積み木のような固い塊ではなく、鳥カゴと表現したのはすごく胸郭はよく動くからです。なぜならカチカチだったら中の肺の動きが制限されて呼吸の妨げになってしまうから。肋骨で肺を守ったうえで肋軟骨という柔らかい骨で可動域を確保しています。肋骨の下の骨がひろがり臍より上が大きく膨らみます。それによって肺の下の横隔膜が大きく動かせるようになります。深く呼吸することによってリブケージアップ、つまり胸郭を引き上げやすくなり、走力も格段に向上します。

しかし一方で胸郭はよく動くのが仇となり姿勢によっては左右に崩れてしまったり、後ろに倒れこんだり、屈んでしまってお腹を潰すような形になってしまいます。マラソンでも疲れてくると前屈みになって、胸が閉じて胸郭がうまく使えなくなり、体幹軸が崩れ肩が大きく動き出すようになります。

胸郭がたわんで胸から動かせるようになるとランニングは楽なのです。胸から動かすということは体幹から動かせているということです。肋骨はベストのポジションに持ってくる必要があります。

◉肋骨を引き上げる意識は常に持つ

肋骨の一番下の骨を手で触ってみてください。一番下の骨というのは割と横側についていて第11肋骨、またはもう少し後ろに第12肋骨というのがあります。これらの骨を骨盤の腸骨という上端の骨からなるべく離すように引き上げてください。ウエストが自然に細くなるような状態になると思います。この引き上げをランニングでは常に意識します。肋骨が落ちていると胸や肩が前屈みになります。そして下腹がポッコリふくらみ、骨盤が後傾しやすくなります。猫背になって屈んだような状態になっていると肋骨の下と骨盤は近づいてしまいます。

逆に反り腰、出っ尻など骨盤前傾が過ぎる場合はお腹の部分は肋骨の前部と骨盤は離れますが、実は一番下の肋骨は背中側で腸骨に近づいてしまいます。背骨で軸を作る説明をしましたが、背骨って何だよ、意識できないよという人はこの肋骨を引き上げるという代替意識にトライしてみてください。肋骨を引き上げる意識と第一頸椎から背骨を引き上げるというのも同義語になります。

◉いかり肩で肋骨を吊り上げてはダメ

肋骨を引き上げてあげるというとよくやってしまうのは肋骨とともに肩を上げてしまうことです。肋骨を引き上げるのは本来、脊柱起立筋や外肋間筋などが担うのですが、肩の筋肉で肋骨を吊り上げようとしてしまうためです。

ランナーはなるべく腕を振りやすくするために胸郭は開いて高い位置に保持しておく必要があります。肋骨の一本一本の骨をひろげる感じと表現するのは言い過ぎでしょうか。ただ上げようと意識するあまり、いかり肩になると動きは悪くなってしまうので気をつけてください。いかり肩で走ってしまうと上半身は動きがとても悪くなります。首の後ろにある僧帽筋が過緊張しているのです。

肩峰といって鎖骨の先端の部分が上に上がってしまっているんですね。そうすると肩と耳が近づき首が胸郭に埋まり込んでしまいます。生まれつきの骨格、また長年取ってきた姿勢などの理由でいかり肩がデフォルトになっている人もいますが、カラダの意識でかなりコントロールできるようになります。

◉肩甲骨を下げて前鋸筋スイッチを活性化

いかり肩になっているので肩を下げましょうというと肩甲骨を寄せて胸を張って背中を反らせてしまう人もいます。そうするとますます肩甲骨周りの筋肉に過緊張が起きてガチッと固まり腕振りがしづらくなってしまいます。その場合、肩を下げるという意識より肩甲骨の下端を下げる意識の方が力みにもつながらないし、いかり肩は抑えられます。

しかし何となく羽根みたいな骨が背中にあるというのは理解しているものの肩甲骨の形や位置、そしてどう動くかを正確に把握している人は少ないです。肩甲骨を意識しにくい人は脇を下げる感じでもいいです。これはマラソンで長く走る時でもランニング姿勢を保つうえですごく大事なポイントになります。基本的にはランニングの時も首を伸ばす、肩甲骨を下げる、脇を下げるという意識を持ちましょう。

動かす筋肉でいうと前鋸筋《ぜんきょきん》。肋骨と肩甲骨につながり、肩甲骨の外転を司る筋肉で腕振りにとても重要な筋肉です。腕振りについて書きたいと思った一つの理由に前鋸筋の存在を世に知らしめたいという気持ちがありました。しかし前鋸筋はインナーマッスル的に使う筋肉なので意識してはダメです。前鋸筋を動かそうとすると力みが出るのであくまで肩甲骨を下げるんだということだけ意識してみてください。それが前鋸筋スイッチとなりま

【肩甲骨や鎖骨など上肢帯の動きをよくするストレッチ３種】

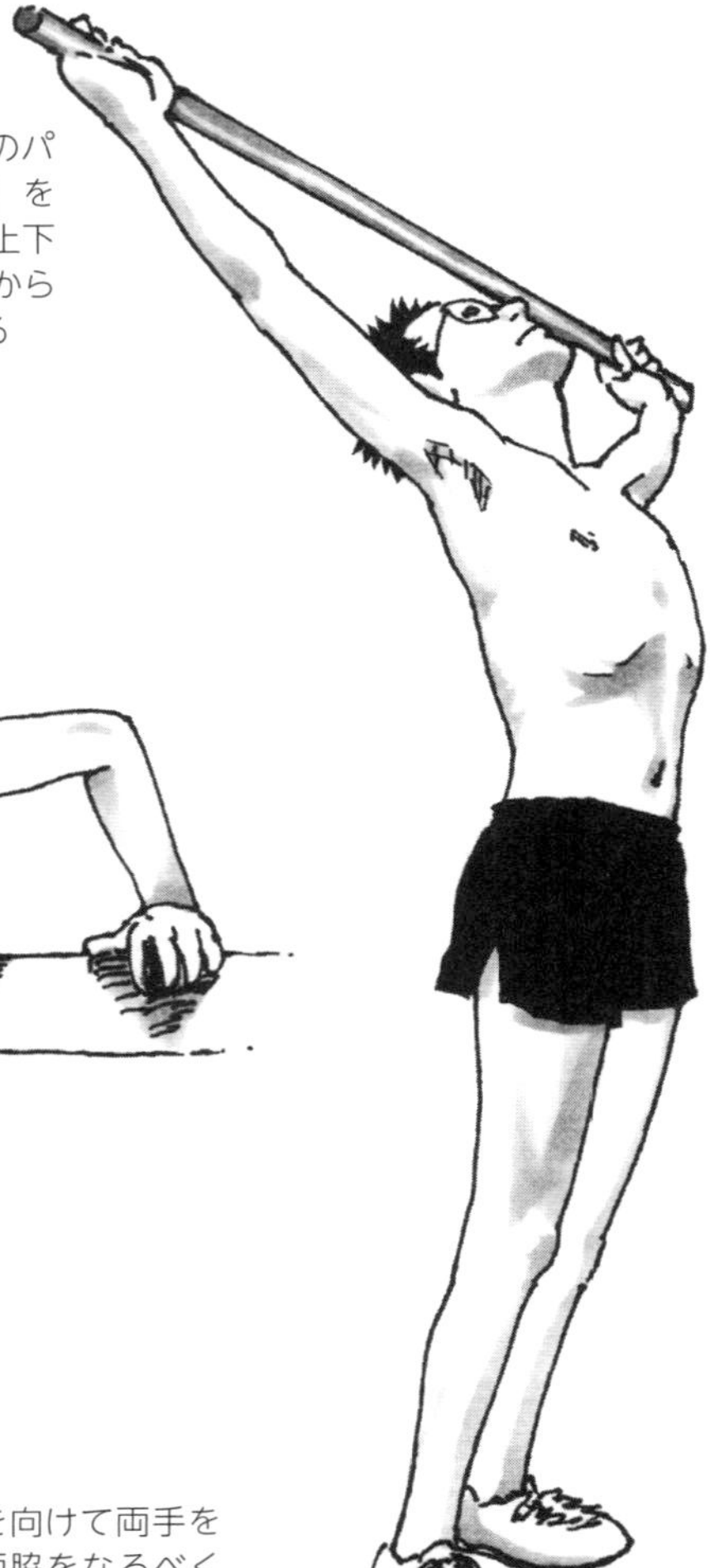

鉄棒（なければ塩ビのパイプやタオルでも可）を両手で持つ。背骨を上下に伸ばすようにしてから反る。顔はやや上げる

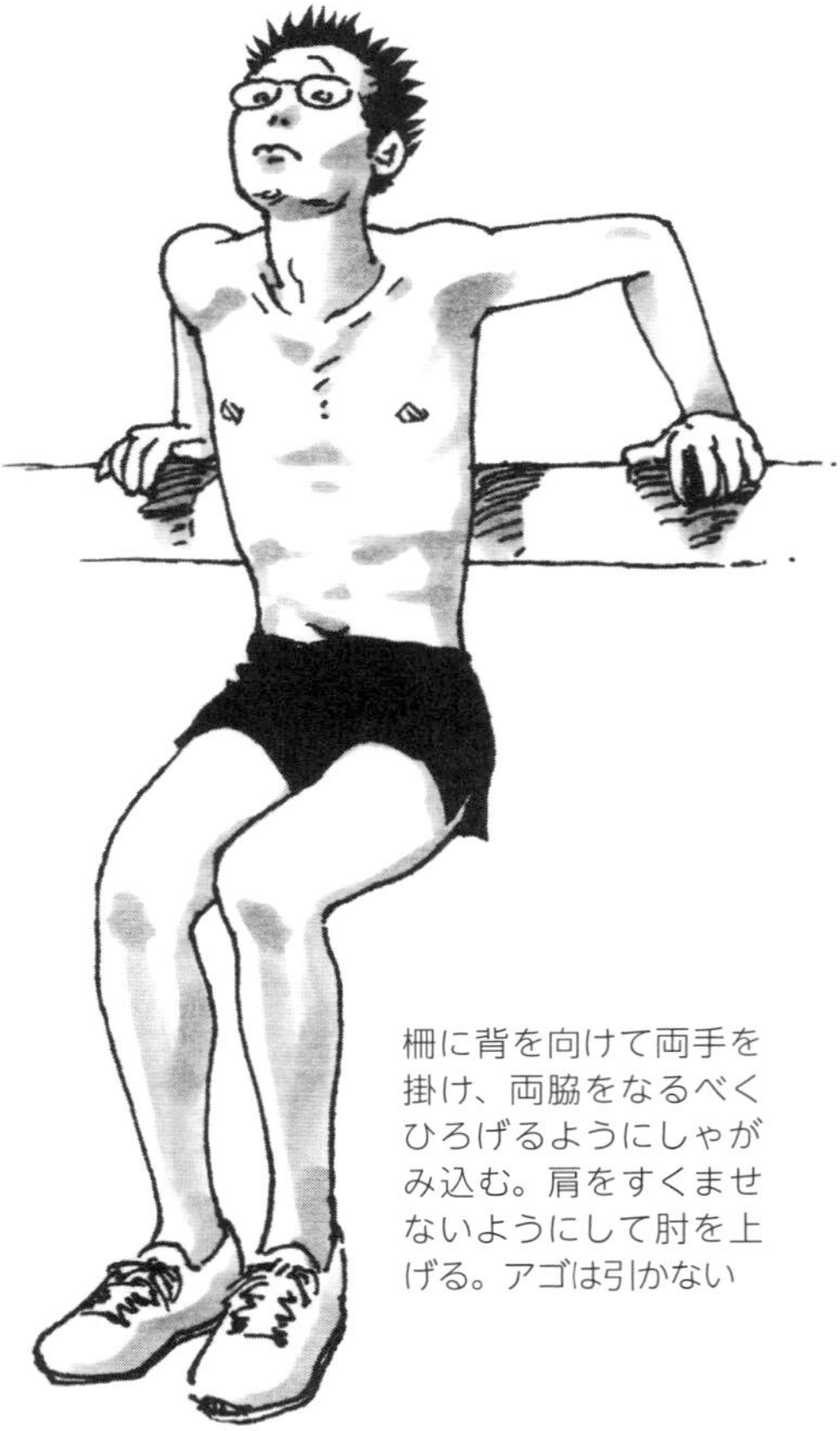

柵に背を向けて両手を掛け、両脇をなるべくひろげるようにしゃがみ込む。肩をすくませないようにして肘を上げる。アゴは引かない

す。スムーズに腕振りができるようになり、呼吸もかなりしやすくなると思います。前鋸筋を伸ばし腕振りの動きがとてもよくなるストレッチを三つ紹介しますのでぜひやってみてください。

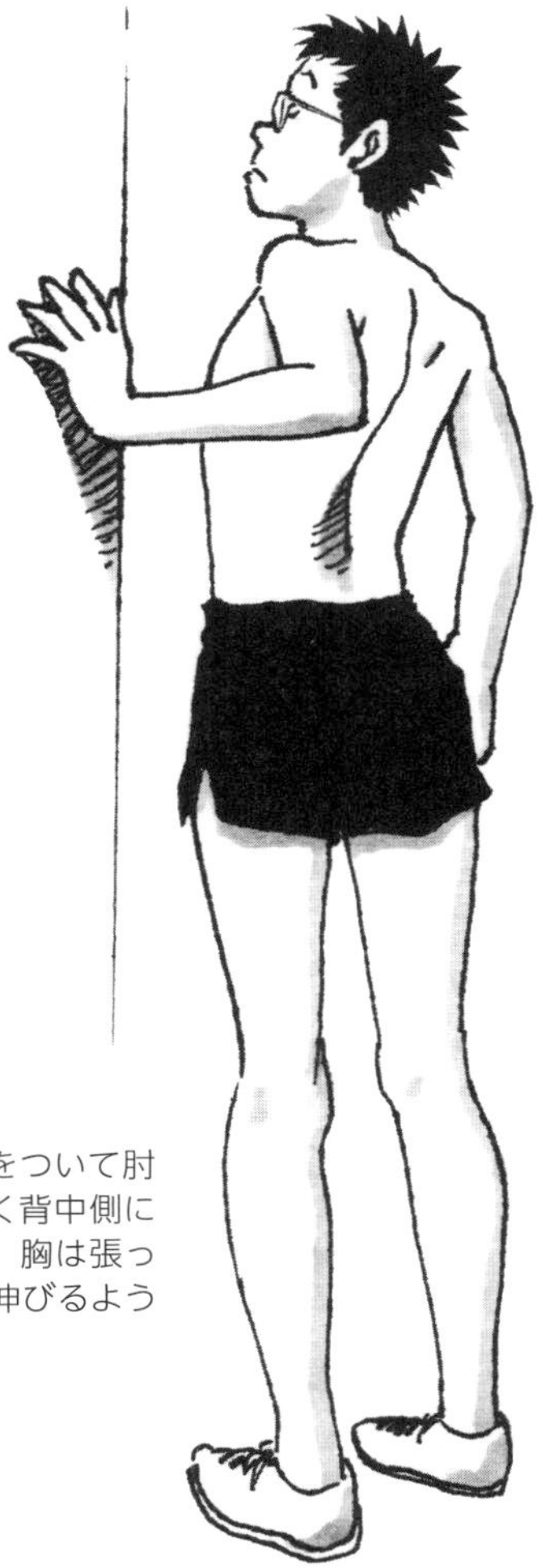

壁に片手をついて肘をなるべく背中側に入れ込む。胸は張って脇腹が伸びるようにする

◉鎖骨を上に持ち上げるという代替意識

肩がすくんで胸が凹みやすい人は猫背になり肩甲骨も可動域がずいぶんと狭まってしま

っています。前鋸筋もかなり固くなってしまって肩も動かしにくくなっています。胸郭の前にある胸骨も斜め下を向いてしまいます。大抵そのような人は鎖骨の窪みが大きくすごく深いんですよね。そして首が前に突き出し気味になります。横から見て肩が常に内側に巻き込まれてしまっている人も要注意です。その場合、胸側より背中側の方が大きく見えると思います。

肋骨を持ち上げるという意識がわかりにくい人は鎖骨を上に持ち上げるという代替意識でもいいです。ただあくまで肩峰は下げてください。肩と耳は離す感じです。

猫背で肩甲骨が背中にへばりついたような姿勢になってしまいがちな人は両手を横に伸ばしてあげて、肩から肘を遠く離すような意識を持つといいと思います。そうすると自然に首から肩が離れて肩峰が下がり、肩甲骨がひろがるのでその意識を持ったまま、腕を下ろしてランニングに入ってみてください。

◉立甲?…全くランニングに必要なし

肩甲骨を縦に立てて、アニメのエヴァンゲリオンみたいに背中から隆起させる立甲という技術があります。香港映画を一躍有名にした伝説の映画人ブルース・リーが『ドラゴンへの道』という映画で披露し、一般にも知られるようになりました。東洋神秘系がその不思議な動作に飛びつき、「肩甲骨と肋骨が分離してインナーマッスルが機能して体幹が安定する」という説明をしています。球技、格闘技、そしてランニングでも立甲ができるようになるとスポーツのパフォーマンス向上につながるそうです。一流の短距離ランナーの腕振りは立甲を利用しているとまことしやかにいわれていますがどうなのでしょう。

　実は私もある程度、立甲はできるのですが全くランニングに役立たない代物と思っています。なぜなら立甲は四足歩行をする動物のように、四つん這いのごとく地面や壁に手を立てて肩甲骨を後方に押さないとほとんどの人ができないからです。マラソンは壁や地面に手を着いて行う競技ではありませんし、短距離走も地面に手を着くのはクラウチングスタートのみ。その際も短距離走選手の画像をチェックしてもスタートの時点でも立甲させているランナーは皆無です。そもそもランニング時に腕振りは肩甲骨を左右に動かすのみなので立てたり肋骨から剥がしたりする必要は全くないのです。単にできて人に見せたら「すごいね〜、エグいね〜」という見た目重視のパフォーマンスに過ぎないと思います。

マラソン大会では袖がないノースリーブのランシャツが愛用されます。脇や首元が大きく開いていると熱くなり過ぎた体温を逃がす効果が高く、また腕振りの際に袖が邪魔にならないという利点があります。デメリットとしては冬場の大会はスタート前の待機時間が寒いです。

姿勢の基本
コアユニット・下半身編

第3章

◉胴長で座高が高いのは恥ずかしい？

胴長短足と言われたら誰でもイヤでしょう。生まれ変わったら足がスラリと長い、スタイル抜群の体型になりたいと感じている人も多いはず。前述した学校の健康診断の座高測定のせいで日本人は子供の頃から胴長短足コンプレックスに陥り、ひいては日本人の姿勢の悪さに影響を与えたのは間違いないと思っています。人より座高が高いと恥ずかしいと屈んだ姿勢で座ると首がすくみ猫背になってしまいます。そして椅子に浅く座るせいで骨盤後傾が癖になりやすいのです。

ちょっと出たポッコリお腹も恥ずかしくて普段から凹ます意識をお持ちの中高年は多いはず。でも凹ます意識も前屈みになりがちなんです。すると骨盤が後傾して垂れ尻になって膝も曲がるし猫背にもなりやすい。悪いことだらけです。

この際ハッキリさせましょう。胴長で座高が高いのは恥ずかしいという気持ちは捨てましょう。あるがままに生きましょう。少なくとも正しい姿勢の維持には胴長短足コンプレックスは百害あって一利なしです。もちろんランニングフォームにもです。というか誤解を恐れずにいうならば、ランニングは胴長短足姿勢の維持こそが大切なのです。

◉お腹を屈ませる、凹ませるのはダメ意識

みなさん、腹筋というと体育の時間でもやった二人ペアで足を押さえてやる上体起こしを思い浮かべる人が多いと思います。その時に一番ターゲットになる筋肉は腹直筋。いわゆるシックスパックで割れているとカッコいいといわれたりする腹筋です。しかし実は表層にある腹直筋はランニングではあまり重要ではありません。腹直筋というと上半身と下半身をカールする、胴体を「く」の字に曲げる時に使われる筋肉です。ランニングの時にカラダを意識して「く」の字に折り曲げていく動作は入りますか？　入ってると感じるならそれは前傾ではなく前屈してます。「膝を上げるのに使われるから大切では？」という反論が聞こえてきそうですね。いえいえ、太腿の骨と腹直筋は全くつながってません。

そういった意味ではお腹の横についている腹斜筋の方が腹直筋より重要といってもいいかもしれません。ランニングの体幹は上半身と下半身の連動を妨げずに、捻《ひね》ろうとするのではなく捻《ねじ》れ過ぎないようにするしなやかさが大切です。ただこれも意識し過ぎてはいけません。

実際のランニングはガチガチに固めてしまうのではありません。そもそも体幹トレーニングというとやたら強固な腹筋を作るイメージですが、腹にグッと力を入れて腹圧を上げ

れば体幹は強くなりますが、息を止めていなければすぐ腹圧は抜けてしまいます。長距離走の時に呼吸は楽にできなくてはいけません。腹圧を高めてランニングに活かすという発想は無意味です。

◉ただお腹は縦に伸ばせばいい

お腹は凹ますのではなく縦に伸ばすだけでいいんです。私は体幹にとって一番大事な意識というのは固めるのではなく「お腹を伸ばす」ことだと考えています。ランニングで重要な意識は腹筋を固める、凹ませる、腹圧で力むのではなく、下腹部を伸ばすのみです。普段でもそれを意識するとお腹も出ないし姿勢もよくなります。お腹を伸ばしたのに第一頸椎が上がらない、胸郭が持ち上がらない、前屈みになるというのは何か違っているということです。開き直っていえば寝転んでいる以外の「立つ、座る、歩く、走る」という基本姿勢でお腹を伸ばさない局面はないものだと考えてよいと思います。

◉理想はゴム毬のようにしなやかに弾む体幹

「お腹を伸ばす」意識だけでランニングの時にカラダ自体がゴム毬のように弾む感じが一層出てきます。

やり方は簡単です。脇腹を両手で触ってみて少し伸ばすようにしてみましょう。その時に骨盤と肋骨の位置がズレていてはダメです。縦の意識の次は前と後ろの意識です。お臍の下と仙骨のあたりを前後からサンドイッチするように引き上げる。これも凹ませるのではありません。凹ますと呼吸しづらくなります。出っ尻になってしまう人は少しだけ尾てい骨を下におろすようにします。逆に骨盤後傾してしまう人は少し縦に持ち上げるようにすると中心がしっかり決まるようになります。

座った時の正しい姿勢は簡単に表現すると、きちんと骨盤を立てて座高を高くするイメージです。仙骨が中に丸まってはいけません。ぜひこれらは普段の姿勢から人に見られていると思って意識してみてください。

◉体幹コアユニットは腹横筋を活性化せよ

これらの姿勢を作るのは腹横筋という奥にあって胴体を巻いているインナーマッスルです。ドローイングといってお腹を凹ます時に使われるので、寝そべって肋骨あたりからグッと胃の部分を凹ませる人が多いのですが、そもそも肋骨下を一所懸命凹ませても体幹は強くなりません。前屈みになりやすく横隔膜の動きが悪くなって呼吸がしづらくなるだけです。ただ下腹部を伸ばす意識だけで腹横筋は活性化してくれます。するとその周りにある腹斜筋や骨盤底筋まで効率的に動かすことができるのです。
ランニングにおいて大切なのはこれら骨盤の上側、お臍の下あたりにあるコアユニットです。この部分がしっかり機能していないと胸郭や内臓をしっかり受け止められず、ランニングで胴体をボールのように弾ませることができなくなります。上半身のパワー、下半身のパワーを有効に使うにはコアユニットのスタビリティが大切。グニャグニャの地面を足でどれだけ蹴っても速く走れないのと同じで、土台であるお腹のスタビリティが抜けていると上半身と下半身のパワーが連動できずしっかり地面に伝えられません。

　このスタビリティという言葉は強固な筋肉で終始固定するというより、着地の時は瞬時にガッと固まり、他は前後左右のバランス調整や、カラダがふらついた時に元に戻る反射能力も含め、カラダの姿勢をしなやかに動かして軸や重心を安定させるという意味合いが強いです。

　特に初心者のランナーは疲れてくると骨盤が後傾してしまいランパンの下に隠れてる下腹部の腹筋が抜けてしまっているんですよね。腹直筋を効かせてしまって「何かカラダが沈んでるな、前屈みになってるな」と感じたらそれは腹筋の使い方を間違えています。腹横筋を伸ばすのみ。実際には骨盤の位置を正しくしたうえで骨盤と胸郭の距離が伸びて、凹ませてないのにウエストが細くならないといけません。もちろんその結果、頭の位置は引き上がります。

◉カラダは上下が引っ張り合うことでテンションが掛かる

さて頭と首の境にある第一頸椎を意識するのが普段の姿勢でもランニングの時も大切というのは第2章で説明しましたが、もう一つ重要な意識をお伝えしたいと思います。先ほどから第一頸椎を引き上げる、鎖骨を引き上げる、肋骨を引き上げる、お腹を伸ばす、と上半身をやたら引き上げることを強調してきました。ともするとカラダ自体をどんどん上に持ち上げることばっかり考えてしまいますが、それでは浮き足立ったランニングになってしまいます。あくまで地面を押していかないとランニングは成立しません。紐は一方を引っ張ってもフニャフニャのまま。きちんと反対側からも引っ張ってあげないとピンッと張らずテンションが掛からないのです。実は私たちのカラダの理想の姿勢は上と下がたえず引っ張り合うことで、カラダの軸がまっすぐにピタッと1カ所に決まるようになります。背骨の下端の意識は骨盤の中央にあり、背骨の一番末端ともいえる仙骨。つまり背骨は第一頸椎で引っ張り上げて、仙骨で下にも引っ張ってあげる意識を持つことが重要です。背骨の上下の先端と末端を遠ざけてあげるという理解でも構いません。

デスクワークが多いお仕事の方は座っている場合に背骨テンション意識があるとしっか

りした姿勢がとれるようになります。背筋がまっすぐ伸びるイメージとなり骨盤の位置がしっかり納まりニュートラルな姿勢ができます。間にある骨盤の腰椎の部分、いわゆる腰の部分を変に反ったり屈めて丸めたりしてはいけません。テンションが掛かっていると骨盤後傾の姿勢にもなりにくくなると思います。仙骨を立てるという意識でもよいですが、立てた真上に第一頸椎があると意識しましょう。

◉姿勢を決定づけ、維持するのは体幹ではなく呼吸

この背骨を上下に引っ張り合う意識を入れると呼吸も楽になるという人は多いです。コアスタビリティにとって呼吸の意識は大事です。呼吸が辛いとランニング姿勢は崩れることが多いからです。上に引っ張り上げる感覚だけだと肺で呼吸するという意識になりやすく、お腹も締めてしまいがちで呼吸しづらいです。

呼吸が楽だとランニングフォームの維持もしやすいのはランナー共通の経験則でもあると思います。そういう意味では最終的に腕振りや姿勢を決定づけ、維持するのは体幹の強さではなく呼吸のうまさといっても過言ではありません。肺で呼吸するという感覚だとつい浅くなりがちです。仙骨まで空気を入れて吐くぐらいの意識を持ち横隔膜を有効活用しましょう。かといってお腹全体を膨らますほど空気を入れるわけではありません。空気を

吸う時は仙骨まで伸びる細く長い風船を膨らませる意識を持ってください。風船がクニャッと折れ曲がってしまったら空気が通りにくいですよね？　この仙骨まで通す呼吸イメージを持つことによって姿勢もよくなる相乗効果もあります。吐き出す時はお臍の下が仙骨に近づいていくイメージを持ちましょう。

マラソン後半でかなりキツそうに顔を歪めて走っている人がいます。トラックでもインターバル練習で設定スピードに余裕がなくて青息吐息で白目を剥いて走っている人もいます。当然ランニングフォームも崩れてしまってカラダの動きもチグハグなものになり、本人は追い込んでいるつもりでもランニングエコノミーがダダ落ちで速度が上がりません。

そうでなくても緊張して顔の表情がこわばっている人がいます。そうなると呼吸が浅くなって胸が閉じてしまい前屈みになって横隔膜も動かしにくくなってしまいます。そうするとさらに上半身も腕振りも力んでこわばってしまい、容易に息が上がってしまいます。多少、精神論になりますが、そのような苦しい時こそ辛そうな表情を見せないように意識するといいと思います。

息が上がっても顔に出さないで冷静な表情のままでいる訓練をすればカラダもそのように反応します。深く落ち着きを保ち、しなやかにカラダを動かすようにするのです。顔と気持ちを分けるのです。周囲の人に不快感を与えず穏やかに振舞えるように心掛けていればランニングフォームも自ずと余裕が出てよい方向に必ず変わっていきます。

◉片足立ちで軸ができているか確認する

さてここまでは両足で立った、もしくは座った姿勢をイメージして説明してきました。両足で立つと安定しているのであまり足裏の重心の掛け方を気にしなくてもよいでしょう。この本はランニングの本なので走っている状況に近い体勢をとってみましょう。すなわち片足立ちです。ランニングで片足になるのは一瞬でしかも両足とも宙に浮いている局面もあります。そんな片足立ちなんて関係ないじゃないかと思われる向きもありますが、その一瞬に体重の何倍もの重さと衝撃がパンッと片足に掛かるのです。止まった姿勢の片足立ちの時点でグラついたりしては速く走れないと思います。逆に片足立ちが辛いくらいならばランニングができるカラダではないといってもいいかもしれません。伸び代《しろ》と考えて片足立ちのバランスを維持できるように軸の形成を目指しましょう。

◉距骨にしっかりカラダの軸を乗せてあげる

片足で立つというと足裏全体で床を掴んでしまうような意識になってしまう人がいます。そうすると力みが生じてしまいます。意識する足の箇所は一つ。距骨という足首にあるか

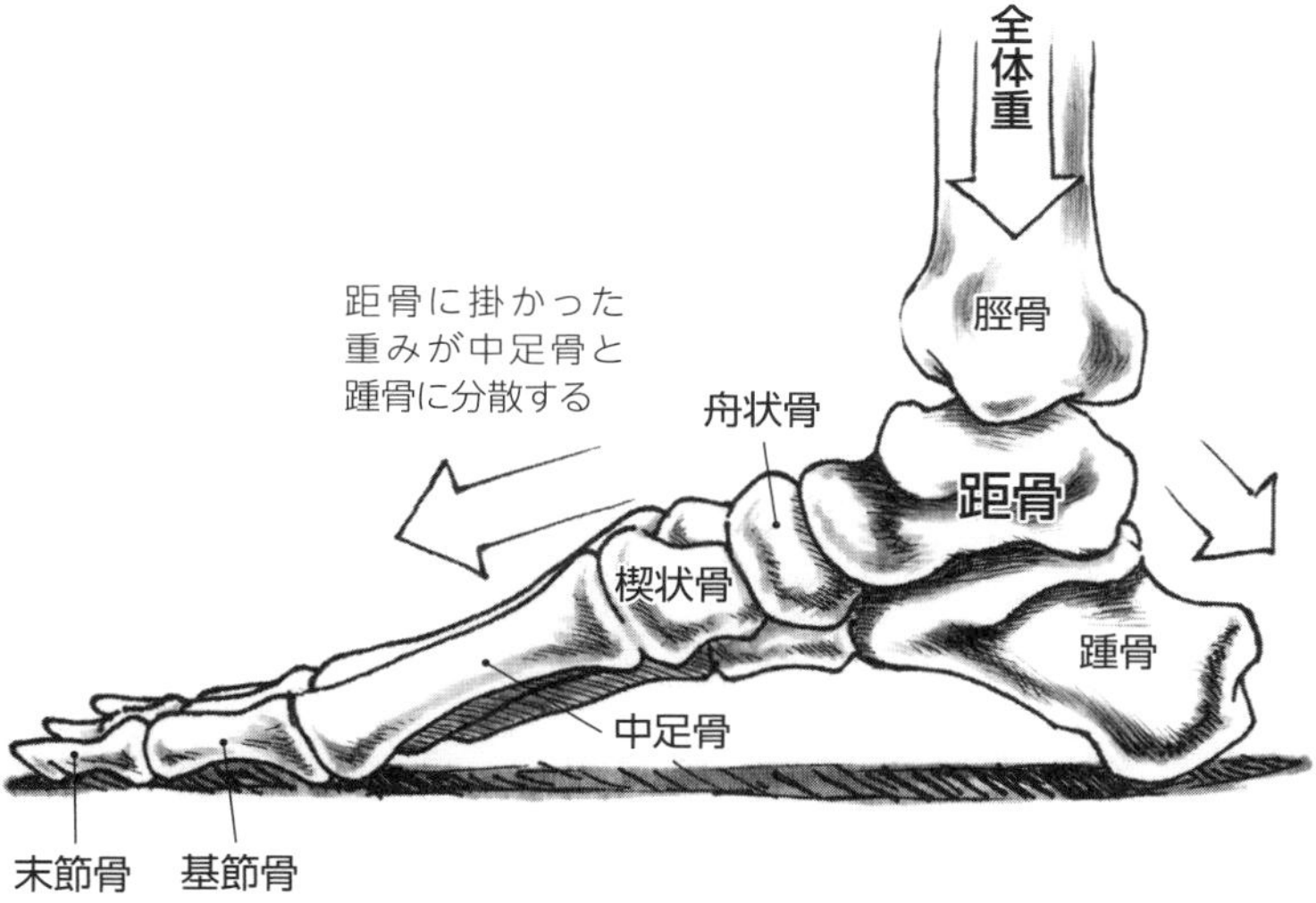

なり大きな面積の台座のような骨に一点を意識して体重を掛けるようにするとよいでしょう。ポイントは片足で立った時に距骨の真上に第一頸椎と仙骨で作った軸を乗せてあげて、一切の力を抜くことです。

両足で立っている時は左右の足裏にしっかり荷重されますが、片足の場合、足裏は胴体の中央真下に位置するようになります。それが一番バランスがよいのです。つまり片足で立つ場合、足のラインはまっすぐではなく胴体の下で斜めになるということです。踵重心にしてしまったり前足部重心にしてしまうと無駄な負荷が掛かります。ただ距骨一点に体重を乗せてあげて、そこからつま先部分と踵部分に分散させましょう。距骨を意識してあげることで片足立ちもずいぶんとバランスを取りやすくなるはずです。ぜひ試してみてください。

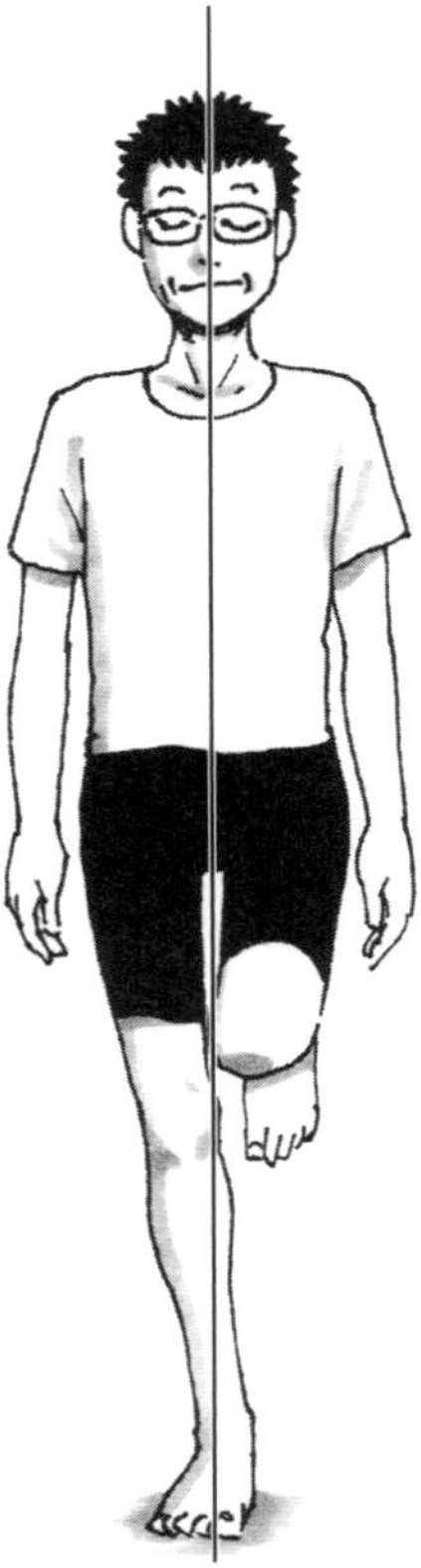

第一頸椎と仙骨で引っ張り合って作った体幹軸の重心を距骨一点に乗せてバランスを取る。膝や足先が内側を向かないように気をつける。脱力して閉眼できるとベスト

◉片足立ちは胸郭や骨盤という積み木を微妙に調整してあげる

距骨に体重を乗せて体幹の軸がきちんと立ってきたら片足立ちでまずふらつかなくなります。両手を常にひろげて忙しくバランスをとったり、お尻が後ろや横に大きく飛び出してしまう人は、腰や頭や足裏でカラダのブレをどうにか調整しようという意識が強く常に

力んでいて、距骨にしっかりとカラダの重心を乗せることができていません。そうするとまっすぐ立った体幹の軸ができません。

走っている時にこのように軸がブレブレだと地面に一点集中して伝える力が色んな方向にバラけてしまいます。そしてグラついた姿勢を制御するために無駄な力をずいぶん使ってしまいます。当然疲れるし故障する可能性も高まります。

しかも片足で立つということはカチカチに固めたまっすぐの軸固定ではなく、骨盤と胸郭と頭という積み木の位置を微妙にずらしてバランスを取ってあげなくてはいけません。コツはフラつきに対して敏感になって瞬時に対処するのではなく脱力、特に肩の力をなるべく抜いて体幹軸にある程度の余裕とゆらぎを持たせてあげることです。視線も大事です。キョロキョロしてはいけません。５ｍほど前方の地面を焦点を合わせずボヤ～ッと見る感覚です。視点の維持はバランスを保つ大きな要素です。

第一頸椎と距骨の意識が決まって軸が立ったなと感じたら、さらに難度を上げてみましょう。目を閉じて浮いている方の片足を前や横にブンブンと振ってみましょう。腕振りも合わせてやってみてください。軸が立っていると手足を動かしても安定できると思います。閉眼で手足を振ってもバランスが取れるようになってきたら、目を開けて左右前後に軽くジャンプをしてみてください。そして膝のクッションをうまく使いグラつかないようにピタッと静止してみましょう。最初はできなくても徐々に慣れてきます。

◉走る時は股関節も膝も大きく曲がる

では実際にランニングに移行してみましょう。片足立ちとランニング時の支持脚の状態で大きく違うのは股関節と膝関節が曲がって、さらに回転しているということです。膝を高く上げて脛の骨を垂直に足裏を地面に叩きつけるような短距離走の着地ドリルがありますが長距離走ではあんなにまっすぐタンッと強く落としていたらすぐに足は壊れます。ランニングはあくまで足が回転していて、振り戻し局面で脛が一瞬垂直になります。その絶妙なタイミングで接地させてあげると着地衝撃も少なく足音も小さくなり、しかも反発も最大限にもらえるというスイートスポットがあるのです。その際も片足立ちの姿勢で作った軸感覚は生きています。第一頸椎と仙骨、そして距骨をダイレクトに上下に引っ張り合う感覚のままでいいのです。もちろん実際のランニングでは片足立ちの時のように距骨自体に長々と重心を乗せる時間はありません。

フォアフット着地、フラット着地、踵着地いずれにせよ「第一頸椎と仙骨で引っ張り合って作った体幹軸の重心を距骨に乗せて」と伝えるとしっかりカラダの積み木を乗せる意識ができる人が多くなります。多くの人は軸が意識できずにずいぶんと頭や胸郭や骨盤が動いてグラグラして生活していますし、ランニングの時もそうなってしまっています。今までグラグラと走っていた人にその意識を与えてあげるだけで急にランニングフォームがしっかりして走り方がすごくよくなることが多いのです。

テレビのマラソンや駅伝中継で選手が通りにあるお店のガラスに映った自分のランニングフォームを横目でチェックしている光景を見たことがあるかもしれませんね。エリートランナーでも確認するべきなのですから一般市民ランナーは常に鏡を見たり、動画を撮影したりして、日頃の姿勢や歩き方からちゃんと軸ができているかチェックする習慣をつけましょう。

◉胸や腰を前に押し出すだけで重心移動が容易になる

ランニングとは足裏で地面から反発を受けて、浮いた胴体の重心を前方に乗り込ませていく運動です。腕振りや足で蹴り出していく意識が率先してしまうとランニング動作はとてもギクシャクしたものになってしまいます。第一に前屈みや頭が下がった上体前傾ではなく、胸も腰も前に押し出してあげる必要があります。腕振りはあくまで体幹、胴体やコアユニットが動いて前方に重心を移動させていく補助動作ということです。

普段よりほんの少し胸と腰を前に出して走ってみましょう。カラダの軸と重心が合った途端に着地音が変わるはずです。接地時間も短くなり膝やふくらはぎに違和感を感じていた人はなくなる場合も多いはずです。まずはコアユニットの動かし方を覚えましょう。腕や足は胴体の動きからワンテンポ遅れて振られていると思ってください。コアユニットを意識するにはまずは両手をダラリと下げて走ってみてください。手が暴れる人は大転子あたりに手を当てる感じでもいいです。走ってみると体幹がどう動いてるか意識しやすいと思います。左右の胸、お臍、肩甲骨など意識を変えながらどう体幹を動かしたら効率よく重心移動できるか感じ取ってみてください。体幹は固めるのではなく自由に動かしてあげる。ですが前提条件として同じ側の胸と骨盤は連動させてください。つまり右胸と右腰、左胸と左腰がキレよく交互に前に出ます。胴体をねじらせる方がより速く走れるというのは大きな誤解です。

胴体の動きがしっくり感じられたら腕振りをつけ足してください。手を抱え込んで振っている人は胸骨を、腕を割と下げて振っている人はお臍を前に向けて左右30度ずつ水平に振る意識が楽だと思います。これが一番簡単にコアユニットを意識できるコツです。もちろん胸骨も臍は本当に30度も振られるわけではありません。あくまで意識です。本当に30度ずつ振っていたらかなり上体はブレブレになります。でもランナーの感覚的には一番しっくりすると思います。

◉軸はゆらぎうねるから速く走れる

ランニングの時も積み木を調整する感覚は一緒です。体幹や軸は固い鉄芯をイメージしてはいけません。軸とは手足をどう動かしても胴体や頭がブレないというのが大きな目的ですが、これは筋トレや体幹トレによる固める剛体意識とは一線を画します。筋肉で固めてカラダに軸を作るのではなく、筋肉の稼働は最低限に抑えてバランスを保つことで軸を作るのです。その結果、姿勢制御に無駄な力を使わなくなります。

エリウド・キプチョゲ選手やケネニサ・ベケレ選手、短距離走でウサイン・ボルト選手などエリート中のエリート選手の動きを正面からみると細かく頭や肩、腰などが左右に振られています。波打っているといってもいいかもしれません。これは体幹のうねりが生じているからです。頭を振っているのではなく、体幹のうねりが頭まで伝わった結果、左右に揺れているのです。腕を前に振り出すともう片方の肩側に重心バランスが移動します。それが足の着地と連動するとよりカラダの重さを地面に伝えて反発を得ることができるようになります。その重心移動の時に頭が揺れるのです。

ただこれは自然に起きていることなので「よし、肩に重みを伝えればいいんだな。その時に着地を合わせて……」と考え、カラダをパーツで捉えて計算して動かした時点で自然な挙動が死んでギクシャクとした動きになってしまいます。きれいな連動ができなくなってしまいますので気をつけてください。

背骨だけを意識すると上半身のみの前屈になったり逆にそっくり返った後傾になる人がいる。頭部まで前傾させると腰も負担が増す

◉背中と下腹部の面を一直線上にしてみる

これまで解剖学的に背骨を上と下に引っ張り合うことを伝えてきましたが、ランニングしている時は前方へのカラダの重心移動の意識が大切になってきます。背骨はカラダの背面にあるものですからどうしても後ろ側にそっくり返ってしまい、重心も前に傾けられな

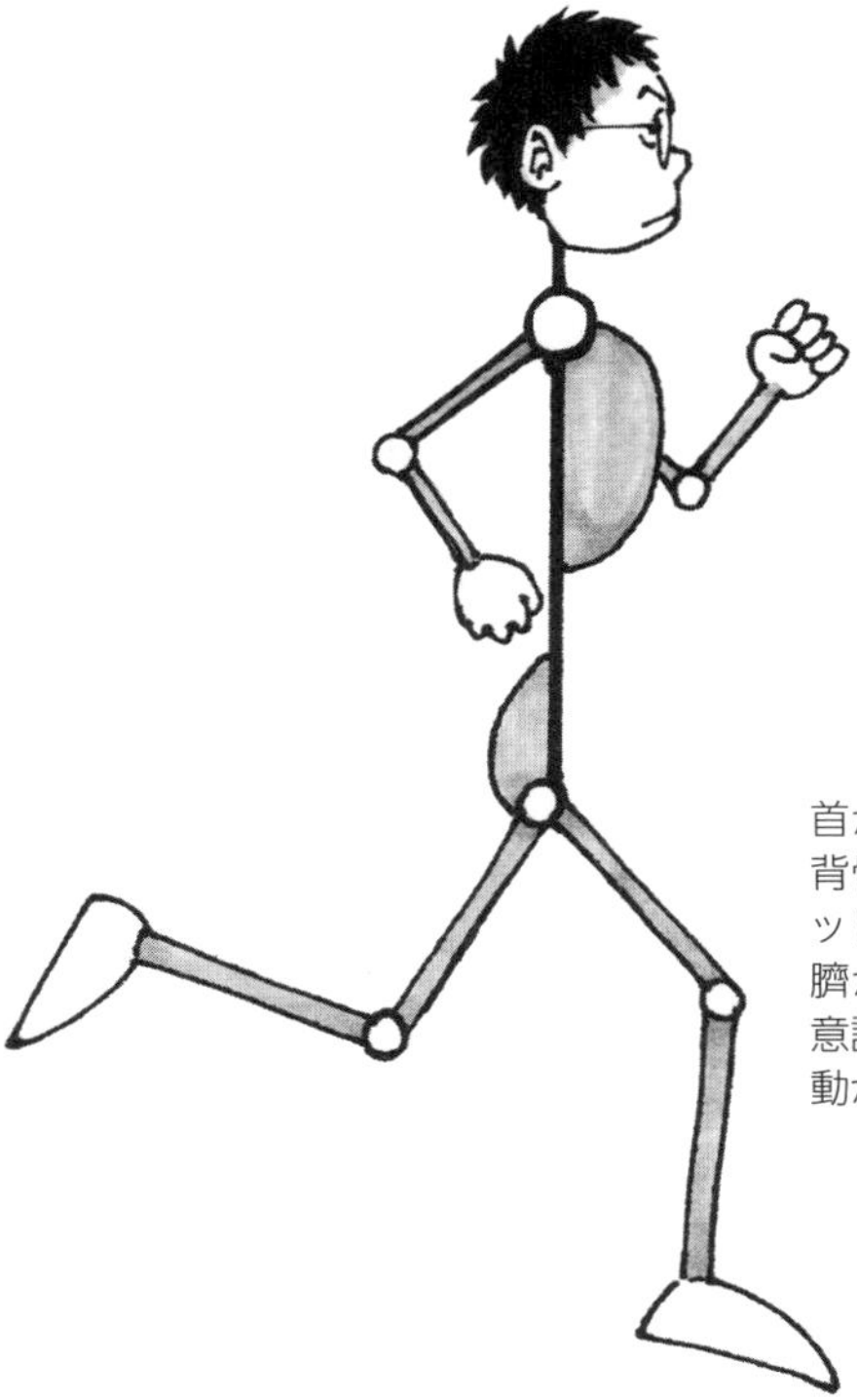

首から胸部までは背骨を、コアユニットはカラダのお臍から骨盤前面を意識すると重心移動が楽になる

い人がいます。そこでどうにも背骨の意識が不得意な人のためにランニング時に私がお薦めするのはカラダの後部と前部の意識を重ね合わせることです。

まずお臍より上は頸椎から腰椎までの背中を意識します。軸というより背中全体を面として捉えてもいいと思います。そしてお臍より下腹部は骨盤の前側の面を意識します。その二つの面を横から見てまっすぐ一本のラインになっているとイメージするのです。これは少しだけ想像力を豊かにしてもらわないと難しいかもしれませんが、割と簡単にできることだと思います。そしてこの面のイメージができたら前方への重心移動はとても簡単になると思います。お薦めです。

◉腰高意識とは要するに胴長短足に見せること

私は今まで速いランナーは腰高ではなく腰低だと既刊で説いてきました。腰低意識と書くと残念なことに多くの人は猫背でへっぴり腰の骨盤後傾スタイルを思い浮かべるようです。しかし私が伝えているのは背骨が立って骨盤がやや前傾する感覚です。胸も腰も前に押し出します。「腰高意識がいい」とよくいわれますが、エリートランナーほど足は大きく前後に開脚して股関節も深く曲がって走っています。そして膝も深く曲がるランナーほど速い傾向があります。実際、短距離走を正面から見るととても短足に見えます。「速い選手は地上から高く浮いているから腰高なんですよ」という反論が来そうですが、エリートランナーほど低空で上下動がなく走っているのは多くの研究でわかっています。みなさんもGPSウォッチなどで上下動を

おそらく一般の人がイメージするへっぴり腰の腰低意識

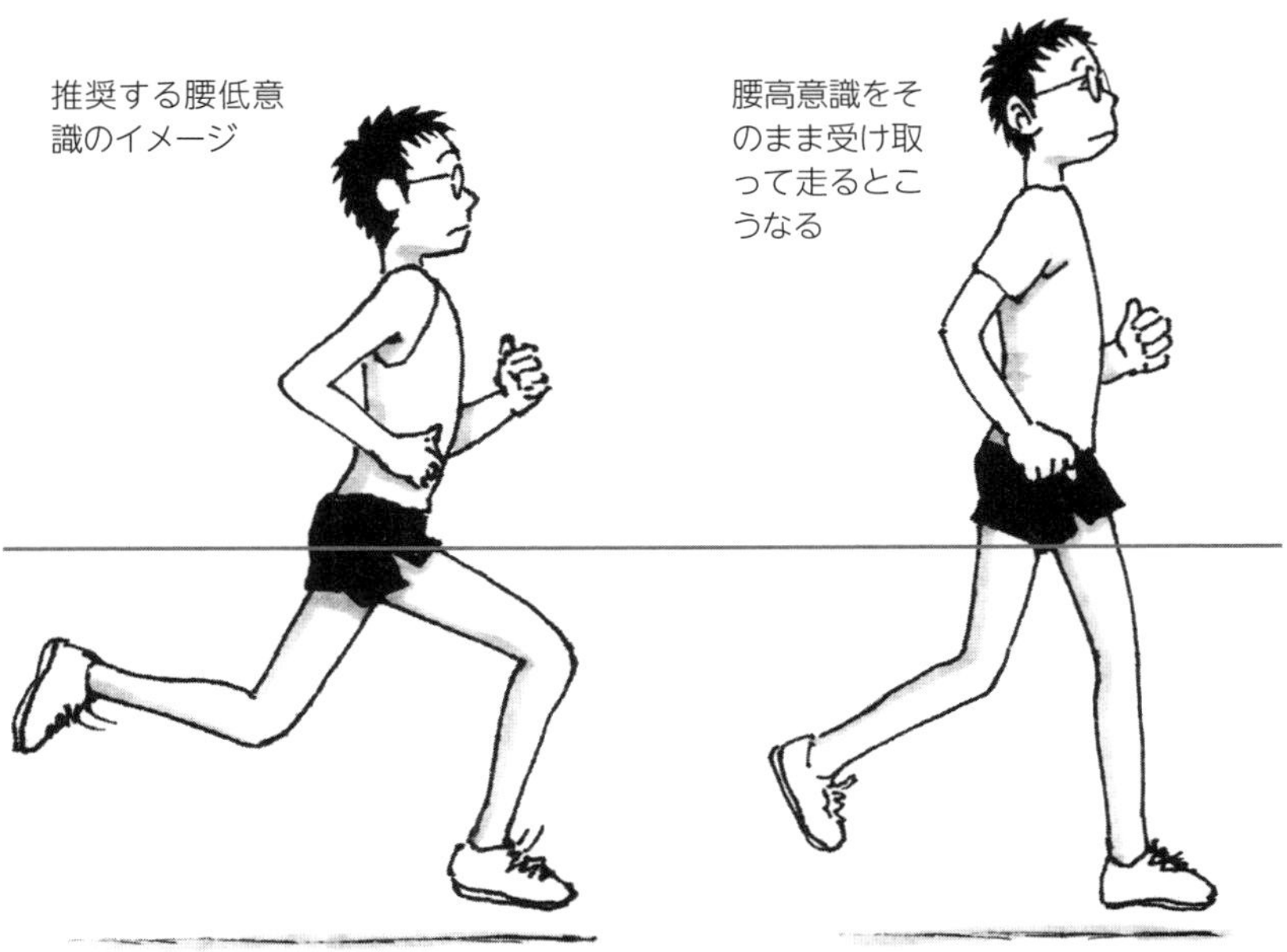

計測するとスプリント走よりゆっくりジョグの方が上下動があるはずです。

とするとどこが腰高なんでしょうか？　実際には腰の部分を高くするには股関節を伸ばし、膝も伸ばし、つま先立ちするしかありません。しかしそれでは下半身が伸び切って速くは走れません。

つまり現実的にはエリートランナーほど腰低で走っているのです。経験の浅いランナーほど股関節も膝も曲がらず上下動も大きい腰高なのです。そしてマラソンでも後半キツくなるほどランナーは深く股関節や膝が曲げられなくなって腰高になっていきます。

ではなぜ腰高がいいとランナーは感

じているのか。それはひとえに胴体を伸ばす意識です。背骨を伸ばしコアユニットを上に引っ張り上げる意識から腰が高くなっていると感じているだけなのです。つまり腰高意識の正体は多くの日本人がコンプレックスを持つ胴長短足のことだったのです！

　そういう意味では腰低意識は見た目の挙動と違う最たるものかもしれません。意識としては腰高の骨盤前傾。それはお尻や腰を上げるというより、第一頸椎と仙骨で背骨を引っ張ってお腹を伸ばすだけでいい。そして見た目の挙動は腰が低い位置で水平移動するランニング。これが一番正しい表現かもしれません。

腕は前に振る？後ろに引く？上腕ターンオーバー理論

第4章

◉腕は前に振り出す？　後ろに引く？

誰もが一度は疑問に思う「腕振りあるある」を一つ紹介したいと思います。みなさんは走る時に腕振りを「前に振る」イメージを持っていますか？　それとも「後ろに引く」イメージを持っていますか？　この質問をするとランナーの感覚はおおよそ半数に分かれます。それくらいこの議論は平行線をたどります。意識の違いによって成績がよかったり悪かったりすることもないと思われます。もしそうならすでにこの議論に決着がついているはずです。つまりどちらの感覚も大差がなく問題ないということになります。

では人体における筋肉や骨格の動きの黄金比率に照らし合わせた場合どちらが正しいのでしょうか。

◉上体起こしでみる手足の連動性

さて考察するにあたって反動をつけた上体起こし運動を取り上げてみたいと思います。仰向けに寝そべってみて、一旦足を振り上げてから上体を起こしてみてください。検証してみると振り上げるのはゆっくりでもいいですが、振り下げる方は勢いがないと上体は起き上がれないはずです。そして足を振り上げて股関節の角度を90度程度に保って振り下げないと上体は起き上がってくれません。振り上げ角度が低いと起き上がりにくいし、振り上げ過ぎると間延びしてこれまた起き上がりにくくなってしまいます。上体を起こすちょうどいい角度があるのです。また振り上げと振り下げの切り替え時に間を置いてはいけないこともわかります。一旦止まるとまた動かし始める時に筋力を大きく使わねばならないからです。

さらに腕は何もしないより、寝てバンザイした状態から素早く振り下ろす動作を加えると起きやすくなるでしょう。腕や足はそれ自体の重みに加えて、振り出す遠心力で反動をつけると上体を起こすのを助けてくれるのです。腕や足を振り下げるタイミング、股関節の角度などの条件がそろうと簡単に起き上がれます。これらはランニングの時も手足の振り出しがタイミングよく行われると推進力を増すのに大きく寄与しているという一つの証明です。

◉両足ジャンプ動作は足ではなく体幹で跳躍する

徐々にランニング動作に近づけていきたいと思います。ランニングは左右の手足が交互に絶妙なタイミングで素早く振り出される意外と複雑な運動なので、単純な動作である両足ジャンプについて考察してみましょう。

末端の足首だけを使ったつま先ジャンプ

腕振りを入れて反動を使ったカウンタームーブメントジャンプ

幅跳びでもいいし、垂直跳びでもいいのですが、両足を揃えてジャンプする時に、一旦カラダを屈ませてから伸び上がってジャンプすると、より高く遠くに跳べると感じる人は多いと思います（カウンタームーブメントジャンプ）。それは全くの棒立ちの姿勢よりも反動がつくからというのもありますが、棒立ちの状態では足首の筋肉くらいしか動かせません（つま先ジャンプ）。つまりジャンプ

反動を使わず屈んだ静止状態から跳ぶスクワットジャンプ

に必要な背中やお尻の筋肉は股関節や膝関節が曲がっていないと使えません。かといって完全にしゃがんだ反動が使えない静止状態からジャンプしても勢いがあまりないですよね（スクワットジャンプ）。

要するにジャンプ動作とは足単体の筋力というより股関節や体幹を使うカラダ全身が連動した動きが重要です。ジャンプする時には地面を足首で蹴り出す動きが最初に始まって屈んだ体幹が伸びていくのではなく、屈めた体幹が最初に伸びる、そして股関節、膝関節、足関節の順番に伸びてジャンプ動作になるのです。最大筋力アップとドロップジャンプなど反動を利用するジャンプ力アップはそこまで関連性がありません。つまりスクワットなどの足の筋トレを頑張っても、全身の反動をつけた動作の巧緻性にはあまりつながらないということです。

一流のバレーボールやバスケットボール選手のジャンプ動作をよく見ると体幹を屈ませてから勢いよく背中や腰が伸び上がる動きが重要であり、足、特に膝や足首の力は抜けてただ単にカラダに追従する形をとっていることがわかります。

◉カラダに推進力をつける腕の動きとは

さて人間はジャンプでカラダを屈ませる時に腕を振り下げるとさらにジャンプ力が上がります。これはカラダが屈む動きに合わせてさらに反動を強くしようとすると必ず起きるカラダに備わった自然な動きです。強く跳ぼうと思えば思うほど腕は強く後ろに引かれるはずです。ある程度までは意識的に後ろに振ると大きな反動を引き出せますが、最大限に強く後ろに振ればより遠くへのジャンプが引き出せるようになるといったものではありません。あくまで後ろへの腕振りは反動をつけるためにカラダを屈ませる動きの補助としての役割です。大切なのは強く腕を引くということではなく、タイミングよくカラダを屈ませる動きと連動できているかです。

一旦屈んで反動をつけ、ターンオーバーで瞬時に切り替えて一気にジャンプする。腕はカラダの伸び上がりに合わせて前方の上側に勢いよく振られます。これも体幹の伸び上がりに対しての補助動作になります。腕の重みを振ることによって遠心力を増大させて体幹の動きを助けるのです。つまり後ろに腕を引くのは予備動作で、腕を前に振り出す動きの方が、素早い足のジャンプ動作に合わせなくてはいけないので速いスイングになります。これもまたある程度まではジャンプ動作と腕振りは比例して大きくなっていきますが、前への腕振りだけ大きく激しくやったとしてもジャンプ動作とズレてしまいカラダで作った躍動を弱めてしまいます。あくまで連動が大切です。

◉連続ジャンプ動作はコンパクトな腕振りに変化する

次に一回だけ大きく跳ぶのではなく連続ジャンプの動作を検証してみましょう。両足は揃えたままでジャンプします。体幹を屈ませる姿勢は連続ジャンプになるとよりコンパクトになると思います。そして後ろに引いた腕はジャンプのピッチが細かくなるにしたがいコンパクトに素早く振り出されるようになります。単体のジャンプの時は滞空時間をなるべく伸ばすために、肩から肘も大きく前に振り出されますが、連続ジャンプになると肘は胴体を過ぎたあたりで急ブレーキが掛かり前腕のみが前に振り出されます。というのも着地したらすぐさま次のジャンプ動作に入らなくてはいけないので、後ろにも素早く引かなくてはいけないからです。大きく悠長にバンザイしている時間はありません。着地する時に腕はまた胴体の横を通過して後ろに戻され、離地に合わせてまた胴体の横を通過する忙しい動きを強いられるようになります。つまり連続ジャンプ動作ではさらに腕振りと足のジャンプ、体幹の屈伸のタイミングの一致が重要になってくるのです。

◉ランニングは肘を強く後ろに引くから足が前に出るわけではない

いよいよランニング動作について考察してみましょう。ジャンプ動作が腕を上に放り上げることでジャンプを補助するのと同じで、ランニングもまた肩から肘までの上腕といわれる部分を前に振り出すことによってカラダ全体の前方への重心移動が起きます。ランニングは重心の前方への移動が大切ですから腕振りで大切なのは上腕を前に振ることなのです。ジャンプ動作と同様で肘を後ろに引くのは前に腕を振り出すための反動をつける予備動作といえます。

肘を大きく強く引くことによって足が強く前に引き出される、また膝が高く上がるという説明をされることもありますが、先ほどの上体起こしやジャンプ動作に当てはめてみると、安易に結びつけてはいけないことは理解できると思います。そもそも腕と足の筋肉は一本でつながっているわけではないので、ひねりの反動でゴムやバネのように弾性エネルギーが高まることもありません。

◉腕振りをキッカケとして体幹は弓状化して推進エネルギーに転換される

しかし前方に振り出された上腕は際限なく大きく振ればよいというものではありません。強く前に振ったところで速く走れるわけではないのが面白いところです。腕をパワフルに振り過ぎると上半身や頭が振られてブレて、余計な力を使ってしまい失速の原因にもなり得ます。そしてランニングは左右の足が次々に振り出される運動です。あくまで重要なのは足回しと腕振りのタイミングの一致です。

連続ジャンプと同じく腕振りで後ろから振り出された肘が真下になったあたりで地面に足は着地します。その時に前に振った腕の遠心力の重みが最大に地面に掛かり、カラダを一番地面に押しつけます。そしてそのぶん地面反力を最大に受け取れます。

足は地面に着地というイベントがあり、そこで地面からの反発で足の前への振り出しを楽にしてもらうという大きな恩恵をもらえます。もちろん地面と接しない腕振りはそのような恩恵は直接はもらえませんが、地面反力はカラダを空中に押し上げます。

両足とも浮いたタイミングで肘は後ろに反転し、前腕は力が抜けているために、二重振り子の要領でさらに加速してカラダの前に振り出されます。結果、前腕は胸や鎖骨あたりまでハネ上がります。実はこの動作がカラダを大きく前方に推進させるエネルギーに変換されるのです。

腕の前方への遠心力が最大となり急ブレーキが掛かった腕の重さで体幹が弓状にしなり、それがきっかけとなり離地した足が前に振り出されます。両足とも浮いている滞空時間は減速区間ですが、あまり速度低下を感じず人間がずっと走れるのはこのような理由があるのです。意訳をすると人間は腕振りをきっかけとして背中とお尻で走っているといってもいいでしょう。

◉ランニングの腕振りも上腕ターンオーバー局面が一番大切だった

ジャンプ時にカラダを一旦「屈ませて」から「伸び上がる」という二つの動作があり、重要なのは腕を前に振る局面であると説明しました。ランニングも同じく腕の前への振り出しが推進の主体的動作になります。しかし「前に振る」のも「後ろに引く」も正解ではありません。

実は両足ジャンプで一番重要なのは屈んだ体幹を素早く一気に伸ばす切り返しの局面です。この部分がタイミングがズレたり切れが悪かったりすると全然ジャンプは跳べなくなります。この切り返しが「ターンオーバー」の局面です。

つまりジャンプの時の補助動作としての腕振りも足のターンオーバーとタイミングを合

わせた、上腕の素早いターンオーバーが大切なのです。上体起こしで足の振り上げと振り下げに間を置いては無駄な筋力を使うと書きました。同じようにジャンプの場合は後ろに引いた腕が急激に前に反転する局面が一番重要になります。強く大きく腕を振ることがより高いジャンプにつながるわけではないという理由にもなります。

そしてランニングの腕振りにおいても瞬時に行われるターンオーバーの局面が一番重要になるのです。悠長にずっと上半身の弓状化を楽しんでいる暇はありません。ランニングは左右の足がどんどん回転する連続運動ですから、すぐさま肘を反転させて後ろに向かわせることが大切です。そうしないと次の足の着地に間に合いません。肘はカラダより前に振り出されないように急ブレーキが掛かり、後ろに急激に反転します。腕振りで意識する部分はこの一点に尽きます。いままでの腕振りは前に振るのが正しいとか後ろに引くのが正しいとかいわれてきましたが、本書はいずれでもなくターンオーバー時に、つまり腕振りは前から後ろへの切り返し局面に重きをおくべきという主張になっています。

◉ランニングでは肘を後ろから前に戻すターンオーバーはそこまで意識しない

腕振りのターンオーバー局面は肩から肘の振り子運動として考えた場合、前から後ろ、そして後ろから前の2回ありますが、肘を後ろに引いて前に戻す局面はさほど切り返しの速さを気にしなくていいのです。肘を引いて前に出すターンオーバーをコンパクトに素早くやろうと意識すると肘があまり後ろに引かれなくなり、前だけで振ってしまいがちになるからです。

また肘は前に出過ぎるのはコントロールしなくてはいけませんが、後ろに引くぶんはさほど制限はありません。それも関係しています。キプチョゲ選手はじめケニア人エリートランナーはかなり鋭角的に肘を引いています。これは腕をコンパクトに折り畳んだままなのでピッチを下げずにストライド側にも寄与できるメリットがあります。

感覚的には前に振った肘を後ろに戻すターンオーバーは速く、後ろに引いた肘を前に戻すターンオーバーはゆっくりに感じられると思います。肘を後ろに引いた時にタメの感覚を持つランナーも多くいるため、肘を引くと大きく膝が前に出るという感覚も生まれるのだと思います。また肘を強く引けば、膝が高く上がるとかストライドが伸びるという感覚もあながち間違ってはいないのです。ただそれにこだわると間延びした足回しになってしまいます。見方を変えれば肘を引いている腕と反対の前腕は前に振り出されていて、それが直接の推進につながっているのですから。

腕振りこそ後天的要素がモロに出る

第5章

◉自分の腕振りがどうなっているか考えたことがあるか

さて第2章、第3章で基本の姿勢、第4章では腕振りの根本である上腕ターンオーバーの重要性について説明してきました。第5章、第6章では本書の主題である腕振りの最適解について考察します。自分が正しい腕振りをしているか、効率のいい腕振りをしているか気にしているランナーは多いものです。しかし自分の立ち姿勢や走っている姿勢がどうなっているか実際に鏡や動画で確認している人は意外と少ないです。また自分がいつもどう腕を振っているかは把握しているものの、疲れたらどう振り方が変化するのか理解していないランナーはたくさんいます。

なので私が練習会などでアドバイスを求められて「あなたはこうこう、このように振っているので、こう直すようにすると、よりよくなるかもしれません」と説明すると、大抵の人はポカンとして「そんな風に振っているとは思っていませんでした」と返答します。そしてほとんどのランナーがその場ではあまり修正はできません。修正できたとしてもそのような指摘を忘れた頃に動画を撮って見せると「あ、ホントだ。疲れるとこんな風に振ってるんだ！」と驚かれます。

習ったことをそのまま自分では再現していると思い込んでいますが、意外と何も直っていなかったり、形が崩れてひどいことになっていたり、直したつもりでも別の意識がすぐに入り込んでしまっていることが多いのです。それは今まで長年振ってきた癖がついているのでそう簡単には直せないのもありますが、そもそもどう振っているかを自身で理解していないから、正しい形にも修正できないのです。

◉なぜちゃんとした腕振りについて考えられてこなかったのか

心臓の鼓動や呼吸は寝ている間も無意識にするものですが、実は腕振りもまた不随意的な運動で無意識に振られるものです。これらは脳で考えて意図的に息をしようとかまばたきをしようとか思わずとも自然に行われるものだからです。見回せば道行く歩行者は意識せずともみな何となく腕を振って歩いているはずです。しかし腕振りは強制的にカラダに強いるものではありません。荷物を持てばその動きは弱まりますし、スマホを見ながら腕を振らないで歩くことも可能なのはみなさんも理解しているはず。腕振りはカラダに備わった極めて弱い条件反射なんです。

だから歩く時に意識をしてわざわざ肘を張って大きく振らなくとも、腕は強弱を調整して自然に振り出されます。ちゃんと歩くスピードや歩幅にカラダは合わせて腕を振ってくれるのです。速く歩こうとしても遅く歩いていても足のリズムに合わせて自然に腕は振られます。カラダの中で大きな重量と体積を持つパーツである足はウォーキングでもランニングでも大きく動きます。それが胴体や頭にモロに伝わってしまったらものすごく振られてしまいます。試しに胸で腕を組んで走ってみればすぐ理解できると思います。上半身がグラグラしてとてもじゃないけれど直進できなくなるでしょう。

◉腕振りの第一目的は制振装置

　短距離走でも長距離走でもエリート選手は、頭や胴体がブレずにスーッとまるで水平移動しているかのごとく安定して走りますが、体幹や首の筋肉でしっかり固めているからブレないのではありません。体幹は固めたらかえって振られてしまいます。そしてそれに影響を受けて足回しもスムーズにできなくなります。腕は足に合わせた相対的な動きをすることによって足から起きる胴体のねじれ回転や地面からの振動を吸収して制振してくれているからブレずに走っているのです。

　まず腕振りの第一目的は頭や胴体などカラダの制振装置なんだということを理解しましょう。だから腕振りはやみくもに大きく振れば速く走れるようになるわけではありません。そして腕を速くブンブン振り回しても、足回しがそのリズムとタイミングに伴わなければただ単に疲れてしまうだけです。

◉腕振りほど外的影響を受けやすいものはない

ただ呼吸も早めたり少しの間なら止められますよね？ それと同じく腕振りもまた意識的に動きを自分で変えられます。半不随意運動といってもいいかもしれません。また無意識に腕振りは変えられてしまう場合もあります。例えば肩掛けカバンを必ず同じ肩に掛ける人はその腕は後ろに振ることができずに、カバンを持たずとも癖がついて横に振るようになることが多いのです。また大きなバックパックを背負ってランニングをする人は肘が後ろに引けずに外側に張り出して振りがちです。関節の可動域や体型で決まる部分よりもデスクワークなどの猫背姿勢や生活習慣、そして「このように腕は振るものだ」という固定観念から癖がついておかしな振り方になっている人は意外と多いものです。弱い条件反射だからこそ簡単に癖や外的影響が入り込みやすいのです。

◉腕振りは筋肉や骨格など人それぞれ？

一方、ランニングの腕振りはその人の骨格や筋肉のつき方、体型や手足の長さなどで生まれつき決まっているといわれます。「だから直してもしょうがないんだ」、「下手に修正しようとするとかえって自然な動きを邪魔するから速く走れなくなるんだ」とまことしやかにいわれてきました。でも果たしてそうなんでしょうか。確かに長身のランナーや肩幅がひろいランナーはストライドが伸びる傾向があります。でも長身でも肩幅がひろくてもピッチ寄りのランナーも少なからずいるのです。逆もまた然りで背が低くても肩幅が狭くてもストライド寄りのランナーもいます。

　実は腕振りこそ後天的要素が大きく関わってくると私は思っています。普段の姿勢の癖や荷物の持ち方、練習会で指導されたことや好きな選手の腕振りを真似したことなど色々な影響を受けやすいのです。それは腕は足と違ってどうにでも振れるからです。

　エリート選手が走るトラック競技の映像をみると、足が大きく前後に開脚してすごいストライドで走っています。しかしそれを真似ることは市民ランナーはなかなかできませんよね。薄く固いピンスパイクシューズを履きこなし、体重の何倍も掛かる着地衝撃を強靭な体幹で受け止め、地面反力をうまく利用できる接地のうまさ、カラダの軽さ、天性のバネ。つまり足と地面との対話が最も重要になってくるからです。でも腕振りって足との連動とか難しいことを考えなければどうとでも振れますよね。実際、エリート選手のモノマネをして何となく同じように振ることだって可能です。腕振りには地面に着地して、受けた反発を瞬間的に有効利用するという重要なイベントがありませんからそれも可能なのです。筋力だって柔軟性だってそこまで必要ない。でもエリート選手と同じように腕のみを振れたからって足が速くなれるわけではありません。つまり腕振りはカラダの連動があってもなくても自在に振れてしまうものなのです。

◉健康ウォーキングはまさにフォーム変更の実施例

それを簡単に証明してくれるのが年配の方々がよくやっている健康ウォーキングです。公園で妙に肘を曲げてブンブン前後に振りながら大股で歩く姿を見かけたことがあると思います。あれはテレビや本で盛んに推奨された健康ウォーキングの指導から影響を受けていると思われます。厚生労働省が出した「健康づくりのための運動指針」というエクササイズガイドにも速歩の理想的なフォームとして掲載されているお国公認の歩き方なんです。

でも速歩という割に一歩一歩大股にしなくてはいけないから、実はそんなに長く歩けませんし、すぐに疲れてしまいます。腕振りはというとトラック競技の短距離走選手よろしく大きく振ってはいますが走ってはいない。つまり足の動きと全然合っていないのです。足と連動しない腕振りもやろうと思えば簡単にできるのです。私は健康ウォーキングの大きな腕振りは単に見た目の元気よさを演出しているだけと感じています。

「はじめに」に書きましたが、短距離走に比べて長距離走に腕振りの冗長性が入り込みやすいのはスピードが遅いから。さらに遅いゆっくりジョグやウォーキングではもっと癖が入り込みやすいのです。個人の骨格や筋肉によって生まれつき腕振りは決まっているわけでは全然ありません。

◉安藤友香選手の忍者走法とは

２０１７年の名古屋ウィメンズマラソンで安藤友香選手は日本歴代４位、初マラソンとしては日本最高の2時間21分36秒で2位に入り、３位の清田真央選手とともに同年の世界陸上競技選手権ロンドン大会の代表になりました。この二人の腕振りはとても独特でダラリと下げており、忍者走法とも呼ばれました。二人の所属するスズキ浜松ＡＣ※1の里内正幸※2コーチの指導により忍者走法になったということです。それまでは二人とも腕はちゃんと上に上げて振っていました。これらは指導によって腕振りが影響を受けてランニングフォームが後天的にがらりと変わった好例といえるかもしれません。

ちなみに安藤選手の腕をダラリと下げた忍者走法は腕は伸ばしていますが、力を抜いてダランと下げているわけではありません。本当に抜いていたら足の着地や振動で両手は暴れまくるでしょう。肩から肘の部分を振らずに固めて体幹の動きと連動させて板バネのようにして小刻みに動かしているのです。腕を伸ばして胴体を大きく使うようにするけれどストライド寄りにはせず固めてピッチ走法にする。上半身と下半身は連動しますから、上

※1……2020年4月よりスズキアスリートクラブにチーム名称を変更。
安藤友香選手は2019年2月にワコール女子陸上競技部に移籍。
※2……2019年4月にノーリツ女子陸上競技部の監督に就任。

半身が細かく動くと足の回転も速くなります。ピッチは自ずと上がります。胴体は大きく使えているからそのエネルギーも利用できます。足もそう前後に開かず低空で走っているので着地衝撃も小さいでしょう。私からいわせると本当に省エネに徹した接地チョンチョン走法なんですよね。確かにやってみると疲れませんし足の着地衝撃も抑えられます。市民ランナーの一つの選択肢として取り入れるのも全然アリだと思います。

◉腕をダラリと下げた中国選手の衝撃

以前かなり強豪といわれる実業団陸上部の監督と話す機会があった際に、理想のランニングフォームについて伺ったところ「腕振りはしないで下に下げたままでいい、その方がエネルギー消費が少なくなるから」と話されていました。

これに関しては世界で活躍した、とあるアジア選手の影響が大きいと私は思っています。名前は孫英傑《スンインチェ》というトラック競技でもマラソンでも活躍した中国の選手です。２００２年プサンのアジア大会では福士加代子選手をまったく寄せつけずに５０００、１００００mともに金メダル。驚くことにその翌週に北京国際マラソンに出場して２時間21分21秒の好タイムで初優勝。その勢いのまま２００３年のパリ世界選手権の１００００m銅メダル、同年の北京国際マラソンで２時間19分39秒を記録しました（２００４年、２００５年も優勝）。

両腕をダラリと下げ、ほとんど腕振りをしない独特のフォームで日本長距離界に強烈な印象を残し脅威の存在となったのです。そして何より「アジア人でもこれだけ世界と渡り合えるのか。アジア人に適した腕振りはこれなのかもしれない」という説得力を持つ記録と活躍でした。２００５年に野口みずき選手に更新されるまでその記録は破られることなく、アジア最強の女子マラソン選手として君臨したのです。当時の日本人選手、そして指導者に孫選手の腕振りはかなりの影響をもたらしたと思われます。

日本の著名なランニングコーチの２０００年代に出版されたマラソン指導ＤＶＤでも、「腕振りは二種類あって、曲げて振る方法と伸ばして振る方法があります」と実際に演じて走っていました。腕を伸ばして振る走法は孫英傑そっくり。この孫英傑ムーブメントによって日本の指導者にも腕下げ走法信者が増え、指導を受けた選手が女子も男子も少なからずいるのかもしれません。このようにその時に読んだ本、指導を受けたコーチや先輩の助言、自分の好きな選手などの影響は後天的要素として姿勢や腕振り、ランニングフォームに簡単に入り込んでいくものなのです。

腕振りの最適解

第6章

◉腕振りは優雅なリズムを刻めるといい

自分の腕振りに自信がないランナーは多いのではないでしょうか。ギクシャクとした腕振りの理由は色々あると思います。

・猫背で前屈みになっている
・肩や腕に無駄な力が入っている
・背中周りの柔軟性が劣っている
・カラダがそっくり返ってアゴが上がっている
・中高年に差し掛かりバランス機能が衰えている
・頭がグラグラ動いてしまって軸がブレている
・軸足と蹴り足のキック力に顕著な左右差がある
・足裏の着地位置に左右差がある

などの原因が考えられます。しかし根本的な要因は腕振りと体幹の動きが同じタイミングになってしまっていることが多いのです。簡単にいうと余裕がなくバタバタした動きになっているのです。足と手が同じリズム感で動くと力んでしまいます。手足を振り回してるだけといいますか。

私はそれを人に伝えるために「腕振りは0・1秒の余韻を出す」という表現を使うことが多いです。日常生活の動作でも「この人の立ち振る舞いは軸がシッカリしていてキレイだな」とか「この人の身のこなしや仕草は美しいな」という人がいませんか？ 関節の動かし方が優雅で滑らか。上半身の動きに余裕があるというか体幹から腕の先端まで同じスピードで動いてるんじゃなくって、少し時差があるというかタメがあるんです。

お尻や背中の筋肉、そしてコアユニットが骨盤を動かし、それが胴体から上肢帯を動かして肩、肘、手首と淀みなく力が伝搬する。手首まで伝わった力の流れが揺り返してまたコアユニットに戻る。ギクシャクとした動き、特に腕振りに余裕がなくなっているランナーには「腕振りに一瞬タメを」と伝えるだけで手足の連動ができて、リズム感が出てきていきなりうまく走れるようになる人がいます。足回しに対しても上半身に余韻があるとずいぶん熟練したランナーに見られるようになると思います。

◉「肩を動かすな」を真に受けてはいけない

ランニングで「肩を動かしてはいけません」と教わった人は多いかもしれません。しかし一方で「肩甲骨はよく動かさなくてはダメ、肩甲骨から動かしましょう」ともいわれます。しかし肩甲骨は鎖骨を含めた腕を支える上肢帯の一部分。肩甲骨を動かせば、連動して肩や鎖骨も必然的に動いてしまうのです。なのに肩は動かさないようにって変じゃありませんか？

そもそもアフリカ系選手のように腕を折り畳んで振ると上腕全体が前に振り出されるようになるので肩も大きく動くようになります。シファン・ハッサン選手も折り畳んだ上腕自体を押し出すように前後に振るから肩も当然のように大きく動きます。

肩を動かさないようにして走るということは上肢帯全体を固めて走りなさいということです。つまり肩甲骨も固まってしまうし腕振りもぎこちなくなります。そして肩を固めるということは体幹も固めるということにつながり、自由に骨盤を動かせなくなってしまいます。すなわちランニングにおける重要な原動力を停めてしまっているので蹴る力が弱まり、足の回転も遅くなりストライドも出せなくなります。また肩や腕に力が入っていると地面にうまく自分の体重を乗せることができなくなります。腕振りにおいて肩や腕の力を抜いて自由に動かせるようにしておくことは大切です。

◉ずっと胸を張っているのは間違いではないのか

肩を動かさないという意識は持たなくとも、意外と当たり前と思っている姿勢の意識で「胸を張る」というのがありますが同じように肩が動かせなくなります。これすなわち常に左右の肩甲骨を寄せるという意識ではないでしょうか。胸を張っている姿勢がなぜ悪いかというのは第2章の姿勢の基本のところで書きましたが、両肩を後ろに大きく引いていると上肢帯の可動域を狭めて腕振りがぎこちなくなってしまうからです。

一例を示しましょう。鏡の前で胸を張った意識で腕振りをしてみてください。肩甲骨を寄せるという意識でもいいです。後ろに引いた方の肩、もしくは両肩とも上がってしまっていませんか？　結局、可動域の逃げ場がなく上方に引っ張られてしまうからです。こんな風に肩が上がって走っているエリート選手はいません。エリウド・キプチョゲ選手の走っている様子を前から見ると、どちらかというと前に振っている腕の方の肩が上がっています。全く逆なんです。ケニア人選手は楽に腕を振れるように上肢帯を常にリラックスしているように思えます。前に胸を屈めてもいませんが、胸を張っているようにも見えません。中には猫背にも見える前傾姿勢の選手すらいます。

◉胸郭から体幹を動かすとキレが出る

腕振りは肩ではなく胸郭から動かすようにすると体幹にキレが出ます。筋肉でいうと左右の大胸筋が交互に前に出る感じです。胸郭の後ろに肩甲骨があるので、結局左右の肩甲骨もよく動くことになります。肘を引いた側の肩が上がってしまう人は、前に振った肩を軽く内側に巻き込んでみてください。後ろの方は反対に楽に引く程度で。そうすると両肩とも上がらなくなるはずです。

つまり両胸を張ることや肩甲骨を寄せることが重要なのではなく、体幹である胸郭が動くのにつられて肩や腕が振られる方が腕振りは楽だし効率的なのです。

そして前に肩をやや巻き込むことによって後ろ側に肘も引きやすくなります。可動域が自然に上がるのです。胸を過剰に張って腕を振るのは百害あって一利なしです。

もちろん肩を前に巻き込み過ぎると上半身がブレてしまいます。さらに注意点として肩の巻き込みは上半身の動きをいくぶん間延びさせます。そうするとピッチが落ちるので過度にやることは禁物です。

肩が動いていないように見えるランナーは、骨盤も含めて体幹の切り返しのピッチが速くコンパクトな動きのためで、自ら体幹を固めているわけではないのです。

◉ランナーは肩甲骨の位置をよくわからない

正しく言い換えると「肩を動かさないように」ではなく「肩から率先して動かすのは間違い」ということになります。腕振りに合わせて肩は勝手に振られるもの。むしろ肩甲骨より腕に近いので先に大きく動きます。肩甲骨はそこまで動きません。「ランニングは肩甲骨を意識しなさい」ともいわれますが「意識って何ですか」って思いません？　肩甲骨からスタートして末端に伝搬する感覚で腕を振っている人はいますか？　そもそも肩甲骨は位置覚と呼ばれるカラダのどの部分にあるかを感知する神経が乏しいのです。静止している状態ですら位置がわかりづらいのに、肩甲骨がどのように動いているか走っている最中にランナーが認識するのは困難です。左右の肩甲骨を交互に落とすと地面へ加える圧が強まると説明される指導もありますが、位置もよくわからないのに肩甲骨を地面に押しつけるというイメージで腕を振ると体幹が左右にブレて上下動が増すだけです。

肩甲骨を意識して動かすとか考える必要なし。肩甲骨が動くから腕振りがよくなるなんて考える必要もなし。私は「肩甲骨を動かしなさい」という表現は東洋神秘系由来のもっともらしく後づけされた意識と考えています。腕が普通に振れていれば肩も肩甲骨も自然に動きます。むしろ動かないようにするのが難しいと思います。

◉前腕で空手チョップやアッパーカット？

腕振りを肘の曲げ伸ばしで前腕を振ることと考えているランナーは意外と多いです。上から空手チョップのように前腕を落とす、またはボクシングのアッパーカットのように下から上に突き上げるように振れと習うことも多いです。しかし腕振りは単純に表現すると肩から肘までの上腕の振り子運動です。しかも肘の角度は90度よりひろがりません。

第4章で腕振りにおける要である上腕ターンオーバーに関して解説しましたが、キプチョゲ選手らエリートランナーの腕振りを横から見ると二つの挙動があることに気づきます。つまり前腕部分の強く瞬間的な縦振り動作とそこから後ろに緩やかに後ろに肘が引かれる後ろ振り動作です。これら二つの動作は前腕を振るという意識で作り出すのは不可能です。「速い人は腕や足をこう動かしているから同じように動かしてみましょう」という見た目の動きだけ真似してパーツ意識でトレーニングしてしまうと骨格や筋肉内部で起きていることと異なってしまうことがよくあるのです。

◉腕振りの筋肉は筋トレで作るのか？

例をあげると学校の陸上部の部活で、前腕部分の縦振りをパーツで捉えて棒立ちでダンベルを持ち、太鼓を叩くように腕を振っている風景をよく見ますが、それでは上腕二頭筋（力コブ）がつくだけと思います。

実際に筋活動しているのは前に振られた上腕をターンオーバーで急激に後ろに引き戻す体幹の筋肉。背中にある広背筋と大円筋の伸張性収縮です。腕の力ではなく胴体が使われて前腕の縦振りは行われているのです。上腕に急激にストップが掛かるために慣性の法則で前腕が前に投げ出されているに過ぎません。それには上腕二頭筋の脱力が大切です。試しにダンベルを持たずに、でも持った感覚で手を握って振ってみてください。間違いなく肘から先の力が抜けている方が素早く振られるはずです。

この肘から先の前腕のブンッという動きがカラダを前進方向に強く引き出します。この肘を前から後ろに切り替えるターンオーバーが速いほど、そして前腕の力が抜けているほど縦の挙動があらわれます。

つまり前腕は太鼓を叩くように上下に振るのではなく、上腕の素早いターンオーバーの結果として振られているだけなのです。外見上、太鼓を叩くように、空手チョップやアッパーカットを打つように見えているだけ、ということになります。長距離走のエリート選手の腕振りがみな力が抜けて振っているように見えるのはこのためです。

◉腕振りは胸郭の前にある胸骨を意識せよ

胸郭を構成する肋骨の前の中央部分に胸骨という固い骨があります。拳の位置を胸骨まで寄せて、そして胸骨に沿って振り下ろすようにして縦振りをキチンとしましょう。今までカラダの外側で、または肩のラインでまっすぐ振っていた人は面食らうとは思いますがちゃんと理由があります。胸骨のあたりまで拳を寄せると肘がやや内側に入ると思いますが、それが同足の足裏の小指球側から入った着地重心を母指球側に移動してくれることを自然に促します。さらに反対側の足の小指球側に着地重心が移動することにも貢献しているのです。実は左右の腕振りが左右の足の重心移動をアシストしているのです。胸骨に沿って縦振りするとコンパクトな腕振りとなり左右の拳はそんなに離れません。

しっかり縦に振って前腕がトンッと落ちた時に反対側の足の着地タイミングとぴったり合致させましょう。右手の前腕なら左足の着地、左手の前腕なら右足の着地です。この縦振りがまっすぐ下に落とせているかで、着地した足がカラダの重心をピンポイントに地面に伝えられるか決定します。

前に振り出した肘が一番下に落とされた時に同側の足の着地を合わせるという代替意識でもいいと思います。その場合、右肘と右足の着地、左肘と左足の着地が同じタイミングになります。

しかし私としては前述した前腕と反対側の足の着地を一致させる着地意識をお薦めしたいです。どうしても肘意識だと前腕が少しバラけて旋回するので足のピンポイントな着地がしにくくなり上体がやや振られる印象だからです。

◉肘を引く動作は両足の滞空時間と連動する

前腕をトンッと縦振りした後に肘を後ろに引く後ろ振り局面が起きます。ここで重要なことは肘は鋭角に保ち、まっすぐ後ろに引くことです。

これは両足とも宙に浮いている滞空時間と連動します。つまり後ろ振りが短いと滞空時間が短くなり寸詰まりのランニングになるということです。後ろ振りは肘が鋭角に、かつ大きく引かれていると、膝の位置が高くコンパクトに回るようになります。そして膝を前に余裕をもって戻せます。しかし滞空時間は長ければいいというものではないのでくれぐれも間延びしたストライドに寄った走りにならないように気をつけてください。

肘が後ろにまっすぐ引かれて、脇も締まり気味で肋骨の一番下のラインに拳が沿っていくのが上肢帯の動きに合った正しい腕振りの最適解です。肘の角度はなるべく鋭角におよそ90度以内を保ちます。肘を背中の後ろに入れ込む感覚でもいいのですが、度が過ぎると前腕が大きく横に開いて無駄な軌道を取ってしまいます。

長距離走の場合、拳はあまり縦振りから後ろには振られません。横から見ると英語の「J」の字のような軌道を取ります（片仮名の「レ」の字のイメージでもいいです）。腰から後ろに前腕を振ってしまうと上半身がブレやすくなり足回しも間延びしてランニングエコノミーが落ちる傾向があります。ちなみに肘の動きは無限大をあらわす「∞」の字を描くことが多いですが、細かい動きなのでわざわざ意識する必要はありません。

自分の腕振りがコンパクトに振れているか確認するには30㎝程度の紐やタオルを両手で持って走ってみてください。胸骨中心に振れているなら後ろに肘を引いた時点でも紐は手から離れないのが正解です。

◉脇が横に開いてしまうと地面反力がバラける

多くの市民ランナー、そして競技レベルの選手も含め日本人のランナーは脇が開き、肘も横に張り出した振り方をしていることが多いのです。腕振りを正面から見ると拳が片仮名の「ハ」の字を描いて振っているランナーは多いと思われますが、「ハ」の字も裾野が横に拡がり過ぎている人は縦振りと後ろ振りがごっちゃになっていて、地面に足がしっかりと力を伝えきれていない可能性が高いといえます。縦振りと後ろ振りの差異が明確でない場合、ターンオーバーが甘いということです。理想は「人」の文字です。

さらにバックパックを背負うなどして癖がつき、後ろに肘を引けずに横にいる人に肘鉄をくらわすように外側に振ってしまうランナーもいます。男性は上半身の発達と肩周りの柔軟性のために脇が締まらない人もいますが、なぜか女性も「腕の横振りはダメ」という指導を気にしてか逆に脇が開いて振ってしまっている人が多くいます。肘を横に振った脇が締まらない振り方はランニングエコノミーを大きく阻害します。腕が横に振られてしまうために上半身がどうしてもブレやすくなります。すると肩や腕に余計な力が入ります。そのため着地もブレて足裏から地面に伝える力が分散しがちになり推進力が低下します。実際歩いて確かめてみましょう。脇を開いて肘をひろげて歩くと、のっしのっしという歩き方になり膝も開き気味になって前にスッスッと進みにくくなります。それを走っている時にもやっていると思ってください。

女性に多い前腕の横振りですがなぜ起きるかというと肩から肘が後ろに振られておらず、脇を妙に締めている場合が多いのです。そして女性特有の骨盤が横にひろいのも横振りになる要因の一つです。

腕振りで意識すべきは上腕です。日本女子マラソンのレジェンド、高橋尚子さんや野口みずきさんも見た目は横振りで「腕振りはあまりよくない」いう一部の声もありましたがお二人ともきちんと肘が後ろに引かれているので全く問題ありません。というか胴体に対して自然な円運動を起こしていて、とても理に適っている振り方をされていたと思います。

カラダの構造上、肘をまっすぐ引くイメージでも、後ろ側に引かれる過程で肩甲骨が背骨側に内転するので肩関節は背骨を中心として円運動になります。引けば自然に肩から肘は背骨側に絞られるのです。肘が外に向かって張って振ってしまうというのはまだ肘が後ろにキチンと引けていないということです。極端にいうと肩幅＋10㎝くらいの両脇に壁が存在するとイメージして肘は後ろに引きましょう。

◉日本人選手は肘の引きが甘いのではないか？

腕振りの「肘の角度はおおよそ90度を保つ」というとそこばかり気にしてしまうランナーが多いです。前腕を直角に固定し肩から肘を振る動きがなくなり、胴体をブリキのロボットみたいに振り始めてしまうのです。肘の角度は90度をイメージする方向性は正しいとは思いますが、90度に固定して振るわけではありません。上腕を振った結果として前腕部が自然におおよそ90度の角度を維持して振られているということです。

当然その中でも角度は少しずつ変わっています。腕振りで前に向かった上腕にブレーキが掛かってから後ろに引かれた時に前腕が慣性の法則で前に勢いよく振り出されます。その際に力が抜けていると前腕は胸や鎖骨に近づくほど折り畳まれます。この時が一番肘の角度が狭まり30度ほどになります。そこから肘が急反転するために前腕が着地に合わせてドンと下に鋭く振られます。これも慣性の力であって腕力ではありません。長距離ランナーはターンオーバーが鋭い選手ほど下に振られるスピードは鋭く、そしてコンパクトな縦振りになり肘の角度は90度ほど開きます。そこから一番後ろに引かれた時にまた肘の角度は45〜60度ほどに狭まります。そしてその角度を保ったまま上腕を前に振り出すために、前腕は45度くらいの肘角度を保ちながら直線的に胸骨の前に上がっていきます。

後ろに肘を引く時は無理のない範囲でなるべく高い位置を維持するようにしましょう。その結果、慣性の法則で前腕に大きく縦振りが起きることになります。一方、前腕の縦振りのおかげで関節反力のために肘は高く鋭く引かれます。この二つの動きはお互いに影響を与え合って補完しているといえます。肘の引きが低い位置で止まってしまうと前腕の縦振りは起きないどころか低空で横に振られてしまうことになります。つまり前腕が低い位置で振られる傾向がある日本人選手はかなりこの肘の引きが甘いともいえます。

◉上肢帯から振れば前腕は必ず旋回する

100ｍ走などで手の平をまっすぐ伸ばして走る選手がいますが、指先まで固定することに

腕振りは円運動の軌道を描く

なります。強く腕を振ることを優先した短距離走ならではの腕振りです。短い距離で終わるからランニングエコノミーを度外視して絶対的スピードを求めます。それゆえに筋肉の鎧で体幹を固め勢いよくゴールになだれ込むことが多いのです。

しかし前から見ると短距離走ですらまっすぐ縦に振っている選手はほぼいません。長距離走になると前腕は三角に振ったり楕円に振ったり、まるっきり円運動の腕振りをする人が多くなります。腕振りは胴体を中心とした円運動のために肩もやや曲線を描きながら前後に動きます。なので肘もまた前後に振られる時に曲線を描いています。腕振りは縦にまっすぐ振れと習うことが多いですがカラダの構造上ありえないのです。その影響を受けて肘から先の前腕はくるくると旋回運動をしはじめるのです。

ではなぜ縦に振るという指導があり、なぜそのような感覚に陥るかというとランナーが腕振りを意識する局面は一瞬だからです。それはターンオーバーの局面。前に出された肘が切り替わって後ろに向かう時、確かに肘はまっすぐ後ろに引かれ、前腕もまっすぐ下に振られる感覚になります。それが縦の意識としてあらわれているのだと思います。

◉前腕部自体も旋回するのが自然

肘から先の前腕がくるくる回るのが公転とすると、前腕自体も縦に振られる時に多かれ少なかれ自転運動が起こります。尺骨《しゃっこつ》と橈骨《とうこつ》という前腕を構成する二つの骨がそれを可能にして旋回するのです。その動きによって腕振りはさらに速く強くリズミカルに振られるようになります。

・前に肘が振られる時→手の平は胸骨（上側）を向く→親指はカラダの外側を向く
・後ろに肘が引かれる時→手の平は骨盤（地面側）を向く→親指はカラダの内側を向く

つまり前腕は腕振りの時にずっと軸回転します。手首から先はゆるゆるで手の平も握らなくてよいと思いますが、私はやや小指は折り畳み、親指側に行くほど緩ませています。それは体温計を振るのと同じで、親指が伸びていると前腕部の旋回を感じやすいからです。

強く腕振りをしている短距離走は前腕も大きく軸回転して、後ろに手を振る時に手の平が地面側を向いたり、腕を前に振った時に手の平が天を向くことがありますがそれらもまた自然なので問題ありません。

◉手首がブラブラではダメ

腕振りで手の平の部分をギュッと握ってしまう人がいます。それでは縦振りをする前腕に余計な力が入ってしまいます。かといって肘から先に全く力を入れないと手首がブラブラして手の平が暴れてしまいます。肘を後ろに引いて手の平が下を向いた時に、力が抜けていると手首が折れ曲がりがちになりますが、縦振りして手の平が一番下に落ちた時に、あたかも地面に着地したかのようにクッと手根骨に意識を入れると手首が暴れなくなります。

この意識は腕振りの全局面ではなく一瞬でいいのです。後ろに肘を引いた局面までずっと手根骨の意識があると腕振りはギクシャクして遅くなってしまうので気をつけましょう。

腕振りの動きに注目したランニングフォームまとめ

●見方
次ページから4見開きにわたって本章に書いた腕振りで注意するべき点をまとめました。見方としてはランニングの同じ動作を右ページには横から見た図、左ページには前から見た図を描いています。対比してご覧ください。

前から見た図

腕振りは3次元的な動きをするので前から見た動きも図説します。右手は手の動きを示す「J」の字、左手は肘の動きを示す「∞」の字のラインを入れています。

横から見た図

腕振りは力みなくリズミカルに振ることが大切なので順番をつけるべきではありませんが手は英語の「J」文字のラインを描くと本文中でも説明したので、便宜上、手の平が「J」の一番上になる部分から説明します。また肘の動きの「∞」の字ラインも合わせて図説しています。

横から見た図

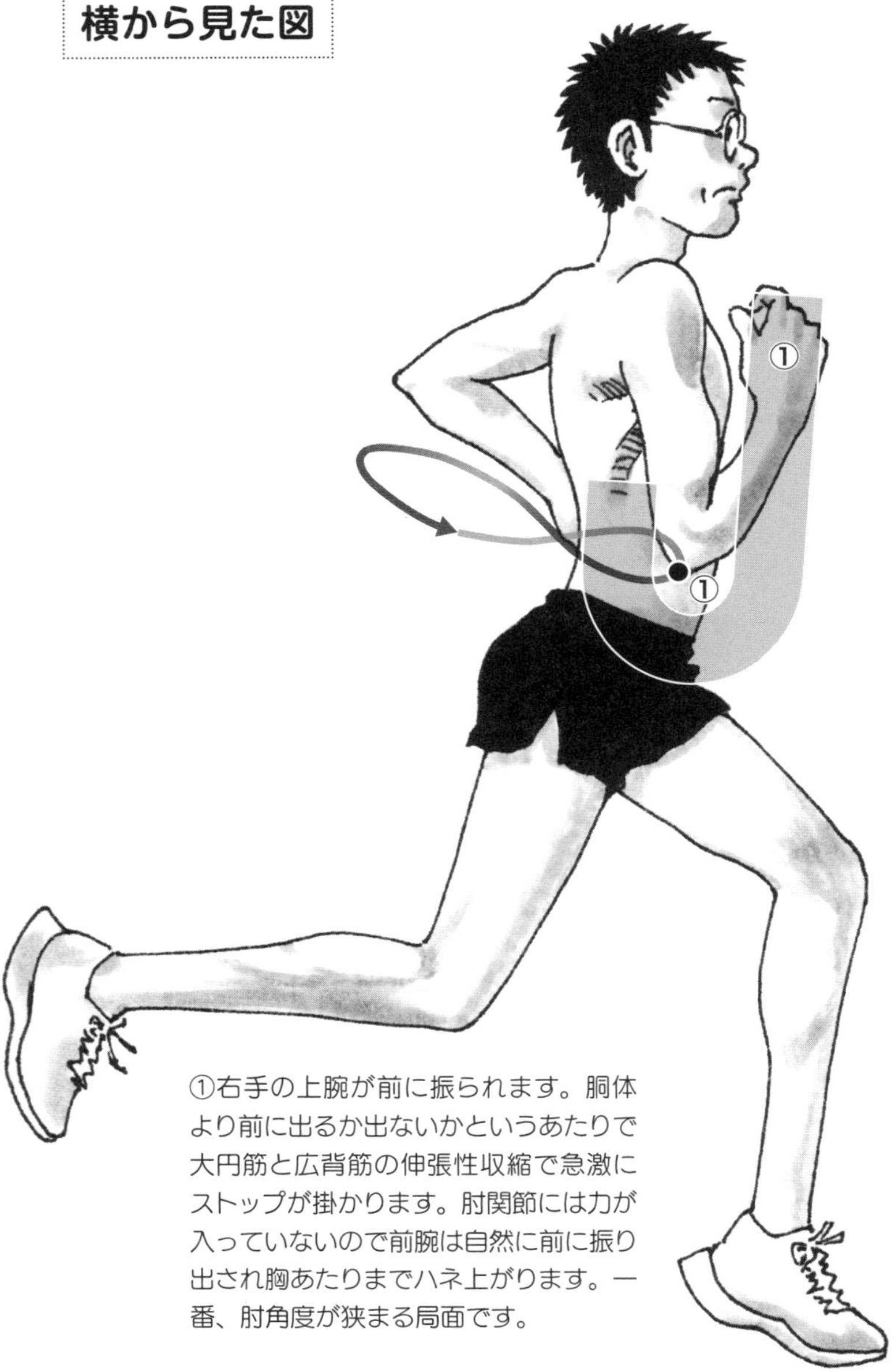

①右手の上腕が前に振られます。胴体より前に出るか出ないかというあたりで大円筋と広背筋の伸張性収縮で急激にストップが掛かります。肘関節には力が入っていないので前腕は自然に前に振り出され胸あたりまでハネ上がります。一番、肘角度が狭まる局面です。

縦振り
開始期
両足滞空期

前から見た図

①胸郭の中央にある胸骨に沿って縦に右拳は振られます。この時、手の平は胸骨側を向いています。肘は肋骨の縁に沿って締まり気味に動きます。

1

横から見た図

②上腕ターンオーバーにより後ろに右肘が引かれ、それに伴い慣性で前腕に鋭く下に向かって縦振りが起きます。またこの縦振りの影響を受けて関節反力で肘がさらに後ろに高く鋭く引かれます。これらは相互に影響を与えているのでどちらかの意識に偏らないようにします。一番肘関節の角度がひろがる局面で90度ほど開きます。

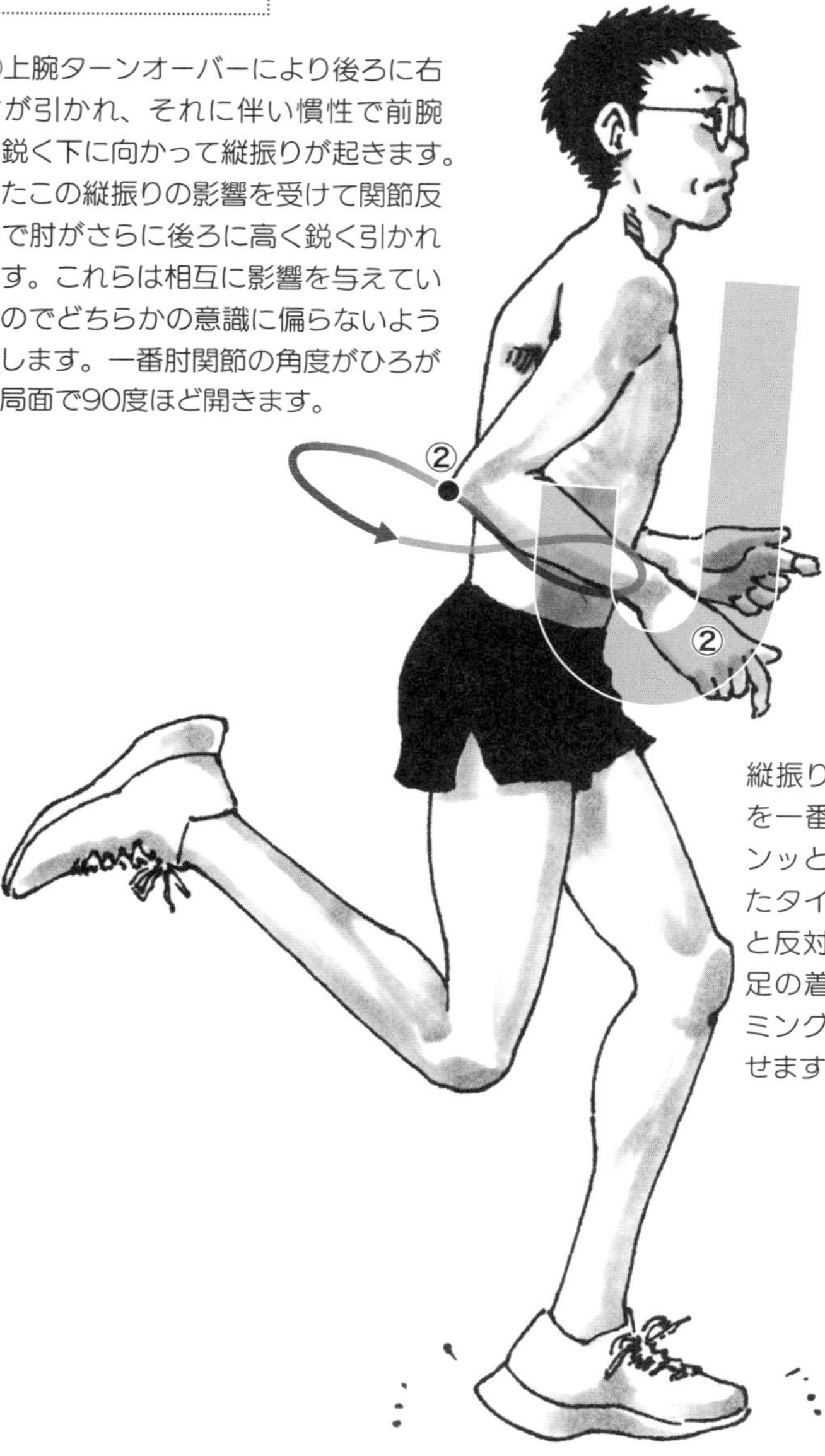

縦振りで右手を一番下にドンッと落としたタイミングと反対側の左足の着地タイミングを合わせます。

縦振り
停止期
着地期

前から見た図

②肋骨の縁《へり》に沿って右拳が下に落とされます。前腕自体は旋回運動をして手の平はやや下側を向きます。この時に腰より下に落とし過ぎないようにします。上腕は胴体に沿ってあまり肘が外に張り出さないように引いていきます。

2

横から見た図

③後ろに一番右肘が引かれる局面です。無理に大きく引く必要はありませんが、肩甲骨がよく動いていると肘は鋭角的に真後ろに引かれるので柔軟性はあった方が吉です。肘の角度は狭まり右拳は②の局面よりやや上に上がります。この時に前腕が下がってしまうと肘の引きが甘くなり、間延びした腕振りになりやすいです。ここまでが「J」文字をなぞります。

後ろ振り 転換期

両足滞空期

前から見た図

③肩甲骨の動きに沿って右肘が一番後ろに引かれると、右前腕はやや外側に開いていきます。この前腕を高く引くことがピッチを下げずにコンパクトに振ることにつながります。足も前で捌くことが容易になります。膝も自然に高く上がりやすくストライドにも寄与します。

3

横から見た図

④右上腕が前に向かい始めます。肩は固定されて肘が前に振られるのではなく肩も少し前に動きます。つまり脇を締めて上腕全体が前に振られるイメージ。この時に一番後ろに引いた時の肘角度をなるべくそのままにして前に右前腕を直線的に向かわせます。

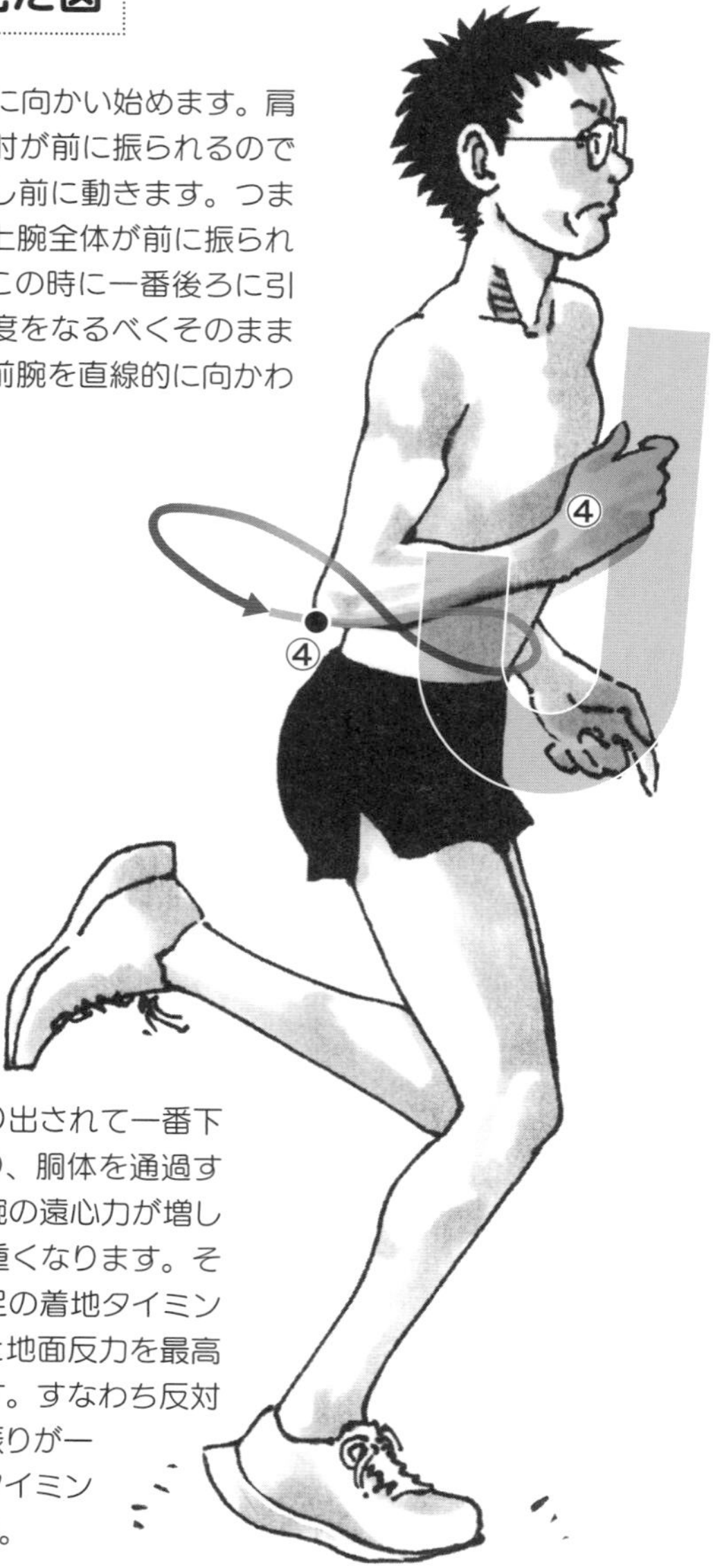

右肘が前に振り出されて一番下になったあたり、胴体を通過する時に一番上腕の遠心力が増しカラダが一番重くなります。そこで同側の右足の着地タイミングを合わせると地面反力を最高に受け取れます。すなわち反対側の左手の縦振りが一番下に落ちたタイミングでもあります。

前方戻し リカバリー期

着地期

前から見た図

④前に右上腕が出るのに合わせて右拳は直線的に①の位置に戻ります。末端にある拳の「J」文字の動きで説明しましたが、これらは意識して振るものではなく、上腕の動きから自然に前腕が振られて起きていることを忘れないようにしてください。

4

寒い季節のジョグは防寒で暖かい格好をするべきではありますが、何枚も重ね着すると上肢帯が動かしづらくなります。腕振りの感覚も変わってきてしまうので、カラダが温まったら肩周りが可動しやすいように、1枚脱ぐだけでもかなり腕振りはしやすくなるでしょう。

足ターンオーバー（逆位相シンクロメソッド序章）

第7章

◉足の動きと腕振りは逆位相シンクロ

本書はマラソン競技に関して姿勢と腕振りに特化した内容です。既刊でずいぶんと足の動きに関しては書き連ねてきたので今回は省く気満々だったのですが（笑）、腕振りの考察を重ねるうちに走動作の面白い現象に気づきました。

ランニング時における足の動きと腕の動きの二つの挙動を比較してみます。腕振りにおいては肩から肘が前に向かい素早いターンオーバーが起きた結果、前腕は力が抜けていると胸の位置まで勝手にハネ上がり、そして下に素早く落とされながら後ろに肘が引かれます。この外から見た現象、そして筋活動やタイミングは離地した後の足の動きと驚くほど似ています。

支持脚が地面から離地して膝を前に戻すターンオーバー時に下腿の力が抜けている場合、勝手に下腿がハネ上がりお尻側に踵が引きつけられてから前に戻されて着地するという現象が起こります。まさに同じ側の腕と足（右手と右足、左手と左足）は逆向きにシンクロした挙動を起こしているのです。膝関節は後方に曲がるようにできており、肘関節は前方に曲がるようにできていますが、この二つは連動しているうえに、パーツが動くタイミングや筋活動が合致します。

そして腕振りと足回しは細かい部分までお互いに強い影響を受け合っています。私が口酸っぱく「手足の連動」と書いているのはそういった理由からです。体幹の動き、そして手足のタイミングがバラバラだとランニングは一所懸命速く走ろうとしてもがくばかりで前に進みません。普段何気なく走っている人は多いと思いますが、腕を振るタイミング、足を捌くタイミング、地面への着地のタイミングの三つを合わせるだけで驚くほど走りは進化するのです。

◉足の動きで重要なのもターンオーバー局面

まずは足のターンオーバーの挙動をおさらいしておきましょう。腕振りで重要なのがターンオーバーの局面であるのと同じで、足回しで重要なのもターンオーバーの局面です。着地した足は地面に沿って後ろに流れますが、それに抗ってどれだけ速く切り返して前に振り出せるかが大切です。それ以外の意識は要りません。

みなさんはランニングの指導で、

「膝を前に出すと骨盤が動きます」

「膝を元気よく高く上げましょう」

「左右の足は二本ラインで着地して走りましょう」
「前後に大きく足をひろげて走りましょう」
「大股で走るとストライドが伸びます」
「地面をしっかり後方に蹴り出しましょう」
「踵はしっかりお尻に引きつけましょう」

などと聞いたり読んだりしたことがあると思います。見た目だと正しいように思える部分もありますが、骨格と筋活動からアプローチする逆位相シンクロメソッドの観点でいうと全く間違っています。

足のターンオーバー時に遊脚が低空でスリ足のような軌道になる人もいれば、踵がお尻につきそうなほど下腿がハネ上がる人もいます。ニワトリが先か卵が先かという例えが近いのですがそれらは主に走スピードによって下腿の動きに変化が出ます。具体的には股関節がどれくらい前後に開いているかで下腿の挙動が変わります。

◉足が速い人と遅い人のターンオーバーは違う

速度が遅い場合は股関節が大きく開かず、膝も少し曲がるだけなので下腿は低空で前後します。つまり足先は単純に振り子のような軌道を取ることになります。これはまだ地面をピンポイントに強くタッチできていないことに起因します。

低空軌道のランナーは離地した足は上に上がらずただ前に進ませる感覚なはず。それでは速く走れません。足裏がまだハネ上がるほど地面の反力をもらえていないからです。それは足が離地する時に骨盤が後傾してしまって、胴体が重心に乗り込めないことが関係しています。そして股関節と膝と足先を同じタイミングで前に向かわせようとしています。末端部分は０・１秒の余韻を出すんです。地面反力を受けたあとは膝や足首が緩んでいることが足回しを速くするコツです。

しかし速度が速い時は股関節が大きく前後にひろがり膝は後ろに流れ気味になります。悪い走りを「足が後ろに流れている」とする表現がありますが、そうはいっても速く走ると足はある程度後ろに流れるものなんだけどなと感じます。実際アフリカ系長距離ランナーはほぼ足が流れています。同じく重心真下着地ともいわれますが、速く走ると10～20㎝前に着地するようになります。重心真下にこだわり過ぎて寸詰まりの走りにならないように気をつけましょう。

地面からの反力で足裏はパンッと上に弾かれます。そして下腿は上にハネ上がります。しかし素早く足を地面に戻そうとしているので結果として関節反力で股関節と足首関節の

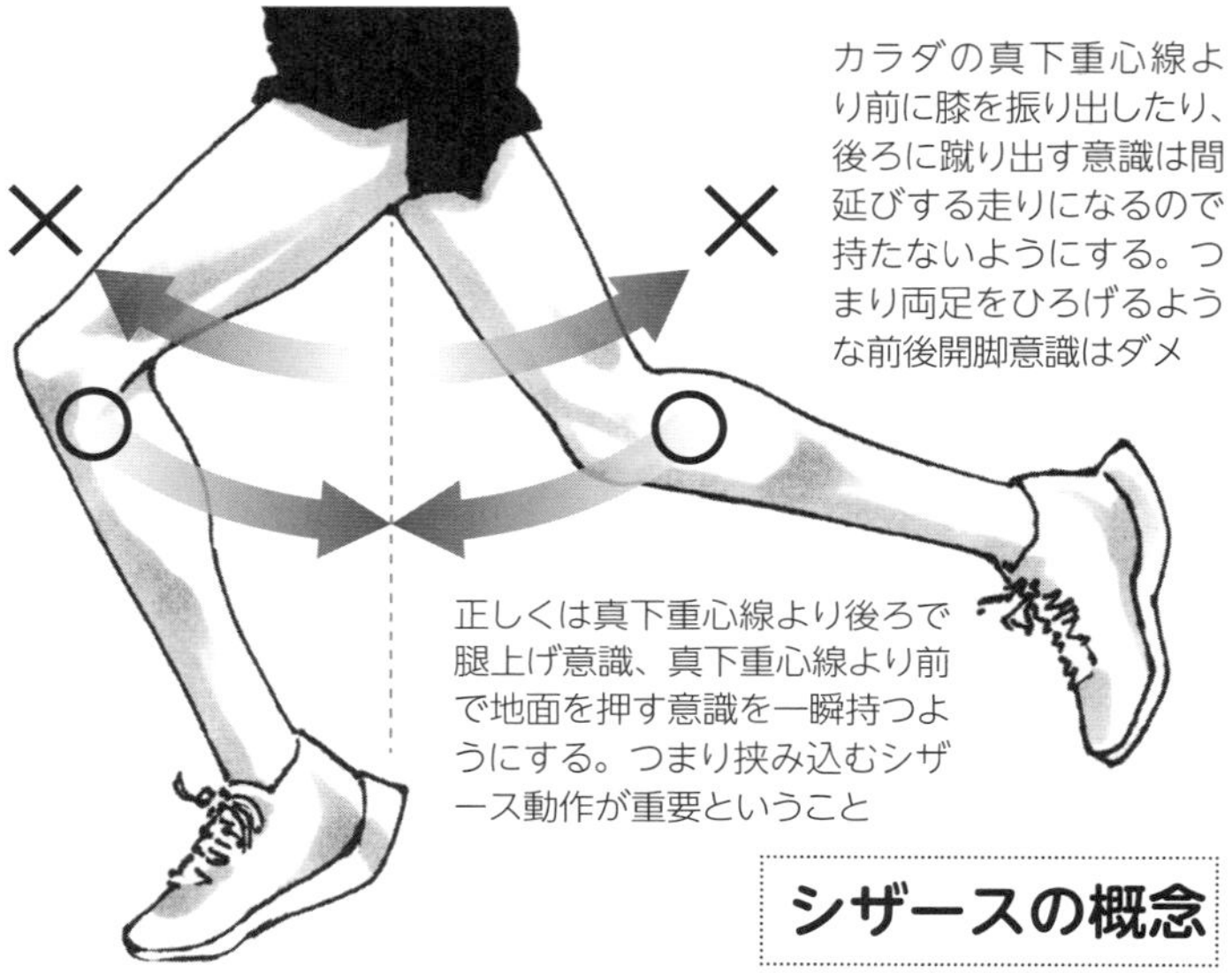

シザースの概念

間にある膝関節を前に押し出してしまうことになります。一方で膝はターンオーバー時に急制動が掛かり、下腿は慣性で逆の方向に向かいます。つまり足は意志に反し地面に向かえずお尻に近くなる方向に持ち上がっていきます。そしてふくらはぎと太腿が束ねられて前に出る軌道を取るようになります。これらは相互に影響し合っています。

◉膝を前に高く出す意識は無駄な滞空時間ができる

ゆえに膝を前に出すとか高く上げるという膝に重きを置いた意識を持つのは間違っています。膝は前に受動的に関節反力で押し出されているだけなのです。地面反力でハネ上がった足を地面に早く戻そうとすれば、膝は自然に前に進み折り曲げられて高く上がるのです。

ただ足を戻す意識のみに寄ってしまうと足回しのキレが悪くなることがあり、ストライド寄りになりピッチが低下してしまう人がいます。これにはシザース動作という足の前捌きが重要になります。シザース動作に関しては既刊でさんざん書いてきたので本書では詳述しませんが、一言でいうと支持脚で後ろに蹴り出すタイミングと遊脚が前に振り出されるタイミングを一致させてすぐさま挟み込むということです。一致するほどピッチが上がる傾向にあります。長距離走ではそこまで極端に滞空時間に遊脚の追い越しをやらなくてもよいですが、体幹のキレを高め、素早い足回しにはとても有効なので、競技としてマラソンを走るならば必ずシザースは意識づけしましょう。腿上げの感覚を持つとするならカラダの前に膝が出た時ではなく、腕振りのターンオーバー局面と合致させるべきです。つまり足が離地する前、まだ膝がカラダの後ろにある一瞬のみです。外見上の腿上げ時にはランナーの意識と筋活動は逆に腿下げしていなくてはいけません。ぜひシザース動作の意識を持ってランニングに取り組んでください。

女性より男性の方が下腿はハネ上がる傾向にありますが、これは着地の時の膝の屈曲が男性の方が深いことが関連してくるのです。試しに膝を曲げないで走ってみてください。

とたんにストライドは落ち、下腿もハネ上がらなくなるはずです。膝は前にとか高くとかよりも、ある程度曲がって着地してることが地面反力をもらいやすくなり足回しが速くなる鍵になります。ただこれは筋力も関係してくるし、やたらストライドが伸びてもピッチが落ちては意味がないので自分に合った膝の角度をチェックしてみてください。

◉距骨の着地意識で足の故障は激減する

パンパン下腿がハネ上がる人はいいですが、接地感覚がうまくいかない人、足回しが重たく低空軌道のランナーに矯正法としてお薦めなのは第3章でも触れた距骨に意識を置くことです。着地の意識で大切なのはつま先でも踵でも母指球でも小指球でもなく、ましてや足の甲でもありません。距骨に一瞬、地面から足裏が離れるタイミングで「地面に素早く距骨から着地する」という意識を入れます。それだけで無駄な足首の動き、すなわち離地時の底屈（つま先の蹴り出し）を弱めることができます。また接地時の背屈（つま先が上がり踵着地を助長する動き）を減らすことも可能です。

なぜ距骨なのかと問われれば色々と理由はあります。みなさんは走っている時に常にお尻や腿裏の筋肉を意識できますか？　もちろん走る時に重要なのはこれら股関節筋群です。しかし人間は神経伝達的に体幹に近い大きな筋肉は細かな作業や意識を入れにくいのです。

足より手の方が意識できるし器用に動かせますよね。しかも肩や肘より手の指先の方が考えた通りに器用に動かせるし敏感に感じられるはず。

足も末端の方が意識しやすいしコントロールしやすいのです。人間の足には左右差があります。実は左右同じように蹴り出しているランナーは少なく、利き手があるように多くのランナーは蹴り足と支え足と左右の足を分けて使っています。どちらかの足が小指球や踵からの着地が強かったり、片方の足が踵着地、もう一方の足はフォアフット着地なんてランナーもいます。左右差は動画や着地音でも確認できますが、手っ取り早いのは靴底の確認です。シューズの偏摩耗に明確にあらわれるのです。そのようなランナーに一瞬のみ距骨接地意識を与えると着地が整い長年感じていたアキレス腱や足底の痛み、ふくらはぎの肉離れが急になくなることが多いのです。

◉常にスポーツ動作は先取りしていくことが大切

なぜ離地の時にその先にある接地という意識を入れるかというと、足はものすごいスピードで回っていますから着地時に「距骨で」と意識を入れるのは遅過ぎるのです。武道でいうところの「居ついてしまう」のです。意識は常に先取りすることが大切です。足回しが遅い人は地面を足で蹴り出す意識が強いことが挙げられます。それでは無駄なつま先蹴りになってどんどん足回しが遅くなります。距骨の意識を入れるだけで蹴り出さないようになります。前捌きがよくなるのです。遊脚をとにかく早く接地させる。前に回転させていくことに意識を置きましょう。

離地の感覚は足の指先が折れ曲がって地面を押し出すのではなく、足裏は曲がらず、足首の角度は90度のまま足先が軽く擦って離れる感覚が正しいのです。

距骨の意識は悪くいえば末端意識につながりますが、一瞬ですし、かえって膝関節の力みを取ってくれると思います。さらにそのランナーの走速度に適切な膝関節の角度を導いてくれます。これらはすべてシザース動作ともつながります。そして歩いている時から意識してもいいと思います。離地した途端に「距骨を地面に素早く戻す」という意識を入れるだけで歩行速度は上がります。

逆位相シンクロメソッド

第8章

◉逆位相シンクロメソッドからみる人体の動き

足のターンオーバー局面を一応理解したところで本題に入ります。腕振りと足回しがどう逆位相シンクロにリンクしているのか確認していきましょう。逆位相シンクロメソッドの観点から腕振りと足回しを説明していくと今までのランニングで感じた様々な疑問や誤解も解きやすくなります。今までこれらの現象に詳細に言及した研究や指導は存在していないと思うのでにわかには信じられない部分もあると思いますが、すべてのランナーにとってこれから書くことは興味深いと思います。

そしてこの逆位相シンクロメソッドを理解するとランニングフォームの自己診断がとても容易になります。私は走り方の癖や足の左右差を見たり骨格や筋肉の正しい動かし方の確認によく使っています。さらに足の振り出し方や接地に対してフィードバックしています。長年続く故障の原因の解明にも役立つかもしれません。私が気がついたものはほぼ挙げましたが、みなさんも他に興味深い逆位相シンクロを発見できたらＳＮＳなどで報告して教えてください。

※見方としては割と意識しやすいであろう腕の動きに対して、それに逆位相シンクロした足の動きの見出しを掲げ、以下文章で腕振りと足回しの各論を述べるようにしています。見出しは骨盤を含む胴体から末端の手足の順です。

胸郭と骨盤

【腕振り】胸郭の胸骨に沿って腕はまっすぐ縦振りの軌道になる
⇔
【足回し】骨盤の仙骨に沿って足はまっすぐ縦振りの軌道になる

胸郭の中に肋骨を束ねるように胸骨という骨がついています。腕は上肢帯によって円を描くように振られるので拳は胸骨の前に沿って縦振りする軌道を取ります。骨盤の後ろに背骨をしっかりと受け止める仙骨という部分があります。股関節からQアングルでY字を描くように足はついているので、左右の足は二軸でひろがって地面に着地するのではありません。円運動が起きて仙骨直下の一本のラインに沿って左右の足は着地します。

腕も足もカラダの中心線に沿って振る。肘や膝の振り出しが外側にひろがらないようにしましょう。それが一番効率がよく最短距離の軌道です。骨盤における仙骨、胸郭における胸骨。これらは体幹に連動して揺らぐように動きますが、ランドマークとして意識しましょう。

【腕振り】前から後ろまで直線的に縦に強く振る意識がある
⇔
【足回し】左右の足が二軸のラインで着地しやすくなる

胴体の断面は楕円形であり、上肢帯も旋回するように腕振りは行われるので人体を上から見ると、腕振りは円運動の軌道を取るのが自然です。腕を伸ばして振ってみれば最終的にどんな人でも胴体の動きに合わせて腕は旋回して振られるようになります。しかし短距離走では前腕を縦にまっすぐ強く振る意識を持っている選手が多くいます。つまり左右の腕が二本のラインで独立して振られているのです。映画『フォレスト・ガンプ』のトム・ハンクスのような走り方というとイメージしやすい世代もいるかもしれません。その場合、前腕が振り出された時点ではかなり体幹を強く保っていないと上半身はブレてしまいます。長距離走では非効率な腕振りです。体幹だけでなく肩周りや胸なども大きく筋肉の鎧をまとわなくてはいけません。

そのような選手は大抵、足もまっすぐ振り出されて左右の足の着地は加速時に二軸のラインを取るようになります。さらに短距離走では地面に最短距離で着地するには左右の足の真下に二本のラインを踏むようにするのが正しいとされる指導が強くはびこっています。そのために上体は横ブレしやすくなりますが、これも強く体幹をガチガチに固めることで強引に走り切ります。ランニングエコノミーを度外視した走法ですが、ただそうはいっても加速が終わった中間走以降は左右の足は自然と寄っていってほぼ一本ラインで走っている選手も多いのです。

【腕振り】肩（上肢帯）から率先して動かしてしまう

⇔

【足回し】骨盤を意識して先導させて動かそうとする

肩や肩甲骨を先行させて意識して動かすのはよくありません。上半身がブレてしまいます。あくまで体幹のコアユニットが動いてそれに伴い肩や肩甲骨が動くのが正解です。胴体と腕の接合フレームとして上肢帯は受動的に動くのです。

骨盤自体も意識して動かそうとしてはダメです。骨盤もフレームであり腸腰筋や大臀筋、腹横筋、内転筋、大腿四頭筋などが効率的に動くことで自然に動くのです。骨盤を意識的に動かそうとすると地面反力をもらうタイミングともズレてしまいます。

太腿と上腕

【腕振り】上腕二頭筋を使って前腕を上に持ち上げて振っている

⇔

【足回し】ハムストリングスを使って下腿をお尻に着ける意識でハネ上げる

アームカールのように上腕二頭筋（いわゆる力こぶ）を使って前腕を上げて振ってしまうと肘の引きが甘くなり推進力が弱まってしまいます。腕振りとは上腕を振る動きが重要で、前腕はその動きにつられて上下動するものです。上腕二頭筋を使う局面は後ろに腕を引いた時に肘の角度がひろがり過ぎないように伸張性収縮で働く時のみです。

後ろに下腿をハネ上げるドリルは実際ありますが、踵をお尻に近づけようとハムストリングスを使って引きつけると実際の走動作と全く違う筋活動になります。遅いスピードでもハムストリングスを使って持ち上げればお尻に引きつけられます。見た目は確かに元気がいい走りになりますが、地面反力の足りないぶんを筋力で補うという無駄が生じます。形のみ真似てしまうと間違った意識づけとなる悪例です。

さらに足全体を前方へ素早く前に運ぶための腸腰筋や大腿直筋など太腿前面の股関節屈曲筋の活動を妨げてしまうことになります。

正しい走動作では、地面の反発を受けてハネ上がった下腿が、さらに膝の急激なターンオーバーによる慣性で勝手に踵はお尻の方に引きつけられているのです。

【腕振り】前に振り出す時に肘を落とす意識が弱い

⇔

【足回し】膝が前に出た状態からハムストリングスを使って地面に落とす意識が弱い

後ろに肘を引いた状態から上腕を振り出す動きがカラダを地面に押しつける助けになり、そのぶん地面の反発を受け取ることができます。肘が真下になった時と着地を合わせます。そして急激に上腕にストップが掛かることによる慣性で前腕が前に振り出されます。しかし多くの市民ランナーは肘を下に落とす（前に振り出す）意識が弱く曖昧な力しか生み出せず、また地面との着地ともタイミングがズレています。

第7章でシザースという動作に触れましたが、遊脚が前に振り出された際にハムストリングスは伸張性収縮が起きて、引き戻されるように動いて大臀筋とともに強く瞬間的に地面を押します。その際に地面を前から後ろに引っかくのではありません。あくまで押すのは垂直方向です。この意識が曖昧な市民ランナーはとても多く、地面をズレたタイミングで押す上に弱い接地のまま抜けてしまっています。

膝と肘

【腕振り】後ろにまっすぐ肘を引いていない

⇔

【足回し】膝がまっすぐ前に出ていない

腕振りはターンオーバー局面が大切ですが、一方で肘は後ろに引けていないといけません。肘を引く動作をなくしては推進力が著しく低下し、さらに前腕の行き場がなくなり横に振られるようになってしまうのです。また肘の素早い引きが膝の前への素早い引き出しにつながります。

女性の骨盤の特徴である横にひろいことも横振りになる要因の一つです。そのぶん膝が内側に入りやすいのです。特に日本人女性はおしとやかとされる伝統的な着物文化のせいか、内股がアニメキャラのようで可愛いとされる萌え文化のためかわかりませんがその傾向が強いのです。そこでキチンと膝が大きく前に振り出されてくれれば問題ないのですが、あまり前後に足がひろがっていないと下腿が外側に過剰に旋回してしまう場合があります。いわゆる内股走りです。この逆位相シンクロで腕振りも女性は横振りになりやすいと思われます。

ガニ股で走る男性も同じく膝が前に振り出されない傾向にありランニングエコノミーを阻害します。そして逆位相シンクロで肘が開き気味で肘鉄のような腕振りになってしまいます。背中周りの柔軟性は大切です。肘はなるべく鋭角に、脇を締めて後ろにまっすぐ引きましょう。

膝は左右に開かず締めてまっすぐ前に向かうようにします。そういう意味では内股である方が膝が締まりやすいためにガニ股のランナーよりは効率がよいのです。

【腕振り】**肘を胸より大きく前に振り出してしまっている**

⇔

【足回し】**膝で後ろに向かって地面を蹴り出してしまっている**

腕振りで地面反力をもらうのは肘が真下になったあたりです。それ以上、肘を胸より前に大きく振り出すことは上半身のブレにもつながり効率がよくありません。前に強く振り出しを意識し過ぎると肘を後ろに引くターンオーバーが遅れて、間延びした腕振りにもつながります。

足回しをスローモーションで見ると実際、後ろに膝は蹴り出しているように見えますが、それは接地している間、地面に足裏が追従しているので膝は後ろに向かって流れているように見えているに過ぎません。正しくはこの流れに抗って、強く膝が前向きに推進する筋肉が使われていなくてはいけません。足は着地した瞬間に地面から垂直方向に大きな反力をもらいます。その後に膝や足首を使って後ろに蹴り伸ばすのは無駄な労力であり不要な時間です。

【腕振り】肘は前に向かう時に外側からやや内側に入り込む軌道になる

⇔

【足回し】膝は外を向いて着地して離地とともに内側に絞り込まれていく

前に振り出された肘は胴体の横を通過する時にやや外に開きますが、肩から円運動をするため胴体の横からは胸の中央側に絞り込まれるように内側を向きます。ゆえに胸郭の中央にある胸骨の前で、拳は旋回するように振られます。

骨盤はランニング時には旋回運動をしています。そして大腿骨はQアングルといって内側に絞るような形で股関節で接続されています。なので末端の動きもその影響を受けて旋回します。具体的には足が振り出された時に膝は絞られるようにカラダの前に出て、着地する時にやや外側を向いて着地します。足先も外側を向きます（ガニ股ではありません）。そして離地の時に膝は内旋して足先も人差し指から中指にかけて空中に抜けていきます。

【腕振り】肘を後ろに強く引く動きのみを意識してしまう

⇔

【足回し】膝をカラダの前に大きく出す動きを意識してしまう

肘は大きく後ろに引くと速く走れると思っている人は多いです。確かに肘を引くほど空中にカラダが浮いている時間が長くなります。ストライド寄りの走りになるということです。しかし足が速くなるわけではありません。そのぶん滞空時間が間延びするようになってピッチが落ちてしまいます。両足とも浮いている滞空時間は地面にトルクを掛けられないので減速区間です。

膝を前に出す動きは外見上、自然な動きに思えますが、その意識が強いと滞空時間が長くなって着地自体が遅れてしまいます。あくまでそのランナーが出している速度に見合った膝の出し方でないとかえってギクシャクしてしまいます。足は地面反力を受けてハネ上がった足裏を素早く地面に戻すことが重要。膝はその過程で受動的に曲げられて前に押し出されているだけです。膝を前に出す意識を持つならば、離地する時に重心より後ろの時点で一瞬のみ持つべきです。

【腕振り】肘を後ろに高く引き上げる動きを意識してしまう
⇔
【足回し】膝を前に高く上げるような動きを意識してしまう

肘角度を保ったまま後ろに高く引くことは前腕の縦振りが強くなり足回しが楽になります。しかし高く引けば引くほど速くなるわけではありませんし、可動域限界まで引いても腕振りは間延びするだけです。柔軟性がない場合、肩に余計な力が入ってしまいぎこちなくなり、前屈みになり、首が前に出がちになります。

短距離走は前に高く膝が上がります。しかしこれは速く走った結果の動きです。原因ではないのです。膝が高ければ高いほど速くなるわけではありません。遅い人ほど腿上げする人もいますが、膝を高い位置から落とすことで位置エネルギーが増大して強く地面を押せるというのは誤解です。本来なら膝が上がってきた局面ではすでに接地に向けて腿下げするための筋活動が行われています。膝を鋭角的に前に出そうとしたり高くしようとしたりする意識は無駄な滞空時間を生み出し、カラダのスムーズな重心移動を妨げます。そして余計な筋力を使ってしまい、上半身もそっくり返った状態になりがちです。

【腕振り】肘の曲げ伸ばしのみ意識して縦に振ってしまう
⇔
【足回し】膝を曲げ伸ばしして走るような意識を持ってしまう

拳を縦に落として太鼓を叩くように振ると元気な腕振りに見えますがランニング動作としては非効率です。肘の角度を開いたり閉じたりするのは腕振りの本質ではありません。あくまで重要なのは上腕の動き。前腕は力まず上腕の動きに釣られて慣性で動くのみ。そして肘の角度はそんなに変えないでコンパクトに振る方が長距離走では有利です。

前腕の太鼓振りの影響を受けると膝は高く上がるようにはなりますが、膝からまっすぐ下に蹴り出すような感じで、その場駆け足で地団駄を踏むようなランニングになりやすいです。着地時に膝関節を曲げ伸ばしして走ることは、カラダを前方に移動させることにはさほど貢献しません。カラダを一旦沈ませてから上に持ち上げるような無駄な上下動を生み出し推進力が低下してしまうからです。

【腕振り】腕をずっと折り畳んでコンパクトに振る
⇔
【足回し】膝も高く上がったコンパクトでピッチ寄りのフォームになる

アフリカ勢のランナーは腕をずっと折り畳んで振る傾向にありコンパクトな腕振りを選択しがちです。また腕も細く長い傾向にあるのでコンパクトに折り畳んで振る利点が大きいのです。

腕振りをコンパクトに畳むと足回しも影響を受けて、後ろに流れる遊脚を抱え込みやすくなり、前に出る膝も自然に鋭角に高く上がるようになります。アフリカ勢のランナーは見た目コンパクトな足捌きになりピッチが上がる傾向にあります。全体的にコンパクトストライド走法でポンポン跳ぶように走っている印象ですが、足のバネがあるからこそ。実はピッチ寄りにバランスを取る傾向があるのです。

【腕振り】肘角度がひろがったまま前腕が胸まで上がらず腰より低い腕振りになる
⇔
【足回し】膝より前に下腿が振り出されやすくなり踵着地を助長する

日本のトラック競技の中長距離ランナーに見られる腕振りです。肘を90度以上ひろげて前腕を下で振りがちなランナーは長く大きな胴体の体幹筋を使って走ることができます。腕を抱え込んで走るより肩や胸も大きく動くようになります。後ろまで前腕を振るということは縦振りがコンパクトにならないで曖昧になるということです。そのため接地時間も長くなる傾向にあります。

前腕が下がり気味ということは肘の引きが甘くなるともいえます。それを補うために前腕を大きく振ります。そのためゆったりしたリズムになりストライド側に寄ってピッチは上がらない傾向にあります。また前腕を後ろに振るのは肩の柔軟性に掛かってくるので固い人は前屈みになり首だけが前に出やすくなります。

前腕を伸ばして大きく振ることは、胴体を大きく使えるので足に大きな力を伝えることができるようになります。一歩一歩の蹴り足を強くできてストライドが伸びる傾向にあります。しかし力は大きくなりますが瞬間的な出力ではなくなります。結果として足回しは間延びした動きになります。ピッチを上げづらくスタミナ維持に難があり、一度失速すると挽回できない状況に陥りがちです。

一方で骨盤が後傾しやすく、地面へのトラクションが弱まる傾向があります。膝の角度がひろがりがちになりやや大股開きな走りになります。膝は意識しないとそこまで高く上がりません。下腿を振り出した時に膝が伸び切りやすく踵着地を助長し、足首で蹴り出しやすくなります。

下腿と前腕

【腕振り】前腕は外旋内旋を繰り返して動いている

⇔

【足回し】下腿は着地から離地に向けて回転運動が起きている

人間の肘から先、前腕部は二本の骨（尺骨、橈骨）で構成され、そのおかげで軸回転できます。そのため手は色々な角度をつけてモノを掴むなど器用な動きができるようになっています。腕振りも前腕部が自然に旋回して手の平は小指球から親指側の母子球が下に向かう半円の動きをします。この旋回が全くないとぎこちない腕振りになります。逆にリズミカルに前腕が旋回していると上半身の動きも躍動的に見えるようになります。

下腿は二本の骨（脛骨、腓骨）で構成され足首は軸回転運動ができるようになっています。急な姿勢変化や方向転換などに対応できるようにするためです。ゆえに股関節から円運動で振り出された足は旋回運動を起こして小指球側から着地して母指球側に抜けるという動きをとるようになります。足裏はカラダの外側（フォアフットの場合は小指球、踵着地の場合は踵の外側）から中側（前足部の内側にある母指球）に重心移動が起き、つま先側に抜けるのが自然です。

私の前作『アルティメット フォアフット走法』で小指球から着地して母指球側に重心移動すると書きましたが、読者のみなさんに誤解されたのが「小指球から着地」が大切なのだと受け取られたことです。これらは自然な挙動で、わざわざ接地の時点で意識することではありません。

腕振りに照らし合わせると手の平の小指側から親指側への移動となりますが、その順番意識を持つこと自体がギクシャクするし的外れなことはよく理解できると思います。そういう意味で足も最初から母指球から接地させると思ってもよいです。それでも大抵のランナーは地面に小指球側から最初に接地しますから。

【腕振り】腕を縦に振り下ろす動きが弱い
⇔
【足回し】下腿を前に振り出すスピードが遅くなる

前腕を振り下ろす縦の動きがない腕振りは市民ランナーにはとても多いです。横から見るとずっと肘の角度が変わらず前腕が振られています。肘に余計な力が入っているか、よほど腕振りのターンオーバーのスピードが遅いかです。腕は地面とじかに接しませんが、足の着地と縦振りのタイミングを合わせることによって、地面からの反発をピンポイントに強く受け取れるようになります。

そのようなランナーの場合、概して離地した足が前に振り出されるのが間延びして遅く、下腿が着地するまでの時間が遅い傾向があります。足捌きにメリハリがなく浮いている遊脚期の滞空時間が無駄に長いということです。地面を押す力も弱まり、瞬間的に地面を強くタッチできません。つまり地面反力もあまり上手に受け取れないことになり、踵着地も助長しやすくなります。

足首・手首

【腕振り】拳や手首をぎゅっと握りしめてしまう

⇔

【足回し】着地時に足裏や足首を固めるように意識してしまう

末端部分の手の平をぎゅっと握って力を込めると腕全体に余計な力みが生じます。長距離走選手はあまりいないと思いますが、短距離走で手をまっすぐ指まで伸ばして走る選手は多いです。風切りの効果というより、指先まで固める感じになることによって腕が剛体化して速く走ることにつながります。加速局面が長い短距離走ではそれもありなのです。しかし長距離走で拳を固めたり空手チョップ振りをするとスタミナロスが大きくランニングエコノミーを著しく損ねます。

例えばドロップジャンプをする際に「はい、台から飛び降りて地面に接地したら、一旦しゃがみ込んで反動をつけるようにします。そしてすぐさま上に跳ぶ動作を行ってください」と言語で挙動をだらだら伝えると、何も言わない時よりジャンプ動作が遅れギクシャクした動きになりやすいです。つまり人は動作を意識をしてカラダを動かすと、本来できるはずの自然な動きからかけ離れてしまいます。スポーツ動作は日頃、動作を反復練習で習得して、実際のプレイは無意識に行われることが重要です。

総じて運動神経がいい人は動きの先取りがうまいのです。次に起きる挙動に対しての取るべき行動を無意識下に事前に予測して、筋肉の動きを決定するのが上手なのです。ゆえにランニングでも着地前に視覚から入った情報で腓腹筋などの予備緊張が自然に起き、アキレス腱が引っ張られ筋腱スティフネスにより弾性エネルギーを蓄積することで、効率のよい地面からの反発を得られます。

予備緊張で足首や足裏はある程度固まりますが、それらは無意識であることが大切です。末端部分である足首や足裏を意識して固めようとすると、足全体に余計な筋肉の力みが入ってしまいます。またそれをやり続けるとアキレス腱を痛めたり足指が折り畳まれるように変形する場合があります。

【腕振り】**腕振りで手首がブランブラン**

⇔

【足回し】**着地時に足首がグニャグニャ**

手首は力んではいけませんが、幽霊のように手首がブラブラと垂れ下がった形だと上半身のブレにもつながります。距骨意識と同じく、縦振りして一番手を下に落とした時に一瞬、手の平の手根骨をクッと意識すると手首がしっかり維持できるようになります。地面に足が着地して距骨にグッと力が入るタイミングとシンクロさせるのです。腕振りの間ずっと手根骨を意識すると肩周りが固まってしまうので気をつけるようにしましょう。

前項の逆で足首が不安定だと地面の反発をうまくもらえないどころか、接地時の自然な予備緊張がなく足首自体で地面反力を吸収してしまっているケースが市民ランナーにはとても見受けられます。さらに地面反力を吸収してしまっているために、自分で推進力を加えるべく足首で蹴り出そうとするランナーが多いです。蹴り出しているということはさらに末端をこねくり回してエネルギーロスしているということです。ランニングは足首で蹴り出すのではなく、カラダ全体で地面の反発を受けて弾んでいく運動です。離地に一瞬のみ距骨による着地を意識するようにしましょう。すると着地時にちょうど足首が固まって地面の反発を受けてカラダが弾んでくれます。足回しの間ずっと距骨を意識すると足全体が固まってしまいます。

【腕振り】手の甲に意識を持って手を振り出してしまう
⇔
【足回し】足の甲に意識を持って足を振り出してしまう

水泳のクロールをするように常に手の甲を上にして腕振りをするランナーがいます。手の甲からの振り出しを意識すると前腕自体が固まってしまい、前腕の自然な旋回運動が阻害されます。そのために両肩が上がって脇が開き、首が埋まり気味なランナーが多いです。縦振りの時に甲ではなく手の平の手根骨を一瞬だけ意識して振り出すようにします。すると親指がやや上を向いて前方に振り出されるはずです。

離地した後、遊脚時に前への振り出しで足の甲から前に行くイメージだとつま先下がりになりやすいです。「4」の字の形をイメージして膝を鋭角に前に出す意識のランナーに多いです。つま先下がりということは足首の角度が受動的にせよ変わってしまうことを示しています。さらに着地時に低空になり地面にも引っ掛けて転びやすくなります。離地した足を前に向かわせる時に距骨着地を一瞬だけ意識することが大切です。足首を上げる（背屈させる）とかつま先を上げるような意識は無駄な力が入るので持つ必要はありません。

【腕振り】手の平を上にして腕を振りがち
⇔
【足回し】小指球から小指・薬指側に重心ラインが抜けがち

アフリカ系の選手に多く見られるのが常に手の平を上に向けたままずっと腕を折り畳んでいる腕振りです。肘を引いた時でも抱え込みやすく長い腕を持てあますことなくとてもコンパクトに腕振りができる利点があります。

縦振り局面でも手の平をずっと真上にして振ると（親指をカラダの外側に向ける）、足裏の着地が小指球側に重心が掛かりやすくなる傾向があります。そしてあまり母指球に重心が乗り込まずに小指から薬指側に抜けていきがちになります。シューズのアウトソールもつま先部分の小指、薬指あたりが削れます。

実験してみましょう。どちらかの肘を90度に曲げて手の平を上にしてください。そのまま前腕を回して手の平を外に向けてください（右手なら右側に手の平を向ける）。右足の小指球に重心が掛かるはずです。これは肘を90度以内というのがミソです。

【腕振り】後ろ振り局面で手の平を下にして振る
⇔
【足回し】母指球にすぐに重心移動しやすくなる

短距離走の選手は後ろ振りの時に前腕が大きく腰の後ろまで振られることがあります。その時に手の平は下を向くどころか勢いで上を向く選手もいるほどです。長距離走でも後ろ振りの局面で手の平を下に振ると、母指球に重心移動がしやすく地面に強くパワーを伝えることができます。すなわち地面からも反発を受け取りやすくなります。ただずっと手の平を下にして腕振りをすることは前腕のこわばりを生み自然な腕振りから外れてしまいます。前腕の旋回運動は邪魔せず、前腕がブンッと下に振られた時に手の平をやや下に向けるような形になるとよいでしょう。

これも同じく実験してみましょう。どちらかの肘を90度に曲げて手の平を下にしてください。そのまま前腕を回して手の平を外に向けてください（右手なら右側に手の平を向ける）。右足の親指側、母指球に重心が掛かるはずです。これもまた肘を90度というのがミソです。

左右差

【腕振り】左右差があり片方だけ下げて振っている

⇔

【足回し】同足側の足裏が低空になり地面に引っ掛かりやすい傾向にある

腕振りで片方の意識を強く持って折り畳んで振っている腕とだらんと下げて振って左右差が大きいランナーがいます。その場合どうしても足にも左右差が顕著に出てきてしまいます。折り畳んで振っている腕と同じ側の足はコンパクトに膝が高く振られる傾向にあり、だらんと下げている腕の同足は膝が上がらず下腿が低空になる傾向にあります。

もちろん完全に左右均等な人間などいません。利き手によって筋量は左右差があるのが当たり前。内臓は心臓は左寄り、肺は右が大きいし肝臓は右にしかありません。ウサイン・ボルト選手が脊柱側弯症で背骨が斜めに曲がっているのは有名な話です。

長距離走においてもフォームの冗長性はあって然るべきなので故障しないで問題な

く走れているのなら修正する必要はありません。しかしどこかしらに痛みが出ていたり、いつも同じ側の足を引っ掛けて転ぶ人は腕振りを確認してみてください。

◉あくまで体幹から動かすことが重要なのを再確認

おそらくこれら逆位相シンクロメソッドの意識を確認するうちに上半身の動きにずいぶんと気を取られてしまったと思います。また足回しと腕振りを意識するがあまりギクシャクしてしまったかもしれません。これらはパッとすぐできることではないのです。まず最初はゆっくりとジョグから走り出してみる。徐々にカラダに馴染ませていって無意識でもしっくりできるようにする。そして時々ちゃんとできているか他のランナーに見てもらったり動画を撮ってみて再確認する。この作業はやった方がいいでしょう。そして一番重要なことは末端意識のみに陥らずにあくまで体幹のコアユニットから上半身と下半身を動かすということなのです。

第9章

腕振りは
路面状況で変化する

◉マラソン大会の登り坂はどう攻略すればいいのか

本章では色々な局面や路面で腕振りはどう影響を受けて変化し、どうすれば効率がよくなるか足回しも含めて考察したいと思います。砂利道、坂道、コーナーなどでランニングフォームは少しずつ変化します。

まずは坂道について考察します。日本のマラソン大会のコースは多かれ少なかれ坂道が必ずあるといってよいでしょう。トレイルランニングで出くわす、思わず膝で手を押しながら歩いてしまうような登山道の急坂ではなく、走れるなだらかな勾配がほとんどですが、坂道が苦手だというランナーは少なからずいるでしょう。登り坂で急に減速して息が上がってしまう人、下り坂の着地衝撃が怖くてゆっくりしか走れなくなる人は実に多いです。

ちなみに平坦な不整地路面においては腕を折り畳み、接地時間を短くするのがよいことは第1章に書きました。よってなだらかな坂道の定義は舗装路でストライドが歩幅より小さくならないレベルの登り坂、ストライドをそこまで狭くコントロールしなくても駆け下れる下り坂とします。ランニングのメッカ、皇居でいうと竹橋から千鳥ヶ淵へ向かうだらだらとした登り坂、半蔵門から桜田門までの長い下り坂を思い浮かべていただくとイメージしやすいかもしれません。

◉登り坂はカラダの前傾が顕著になり膝が曲がったままになる

登り坂では平坦な道よりカラダを斜め上に持ち上げる負担が生じます。平坦な道より接地時間も長くなりストライドもピッチも落ちる傾向にあります。面白いことに平坦な陸上トラックを走る短距離走でも似た局面があります。スタートからのゼロ加速と同じ状況が起きるのです。重心移動をしやすくするためにカラダの前傾を大きくして、足は地面を強く押さなくては前に進めません。とはいえただ前に倒せばいいわけでもありません。無理に倒しても上半身のみの前屈になって腰への負担が増すのみで地面を押す足に力が入らず地面反力ももらえません。骨盤後傾は絶対に避けなくてはいけません。

実は登り坂は平地より膝が曲がって着地しやすいのです。平地で走るより接地面が高くなるから膝があまり伸びない時点で着地するからです。それゆえに足の着地は二軸になりやすく、そのぶん上半身はうねるような動きが出やすくなります。その際に前に大きく下腿を振り出すような顕著な踵着地は控えるようにします。前足部でのカラダの真下重心への着地を心掛け、着地した足は後ろに蹴り出すのではなく、倒れる足をどんどん継ぎ足すように前で捌きます。膝から脛を前にパタパタとドミノ倒しのようにするのです。ただこれはヒタヒタと低空に進むわけではありません。ポンポンとカラダを落として弾ませてい

くイメージです。反発で後ろにハネ上がった足はすぐに斜面に戻すことを意識しましょう。

　これは普段の平地でのジョグからでも気をつけられるポイントです。離地の時に地面を蹴り出してカラダを持ち上げる感覚を持つランナーは意外と多いものです。足が接地する局面に意識を持ちましょう。

◉登り坂では腕を前に折り畳んではいけない

登り坂の腕振りで一歩一歩の地面を押せる力を増やすためにはどうすればいいのでしょうか。

短距離走のスタートでの腕振りはよいお手本となります。登り坂でライバルに差をつけるには、上半身の軸は保ったまま猫背にならずある程度の前傾姿勢を保ち、肘の角度はひろげて前腕の重みを味方につけて後ろに振ることによって力強く登ることができるようになります。前腕を折り畳まず大きく振ることによって胴体が大きく使えるようになり登り坂で足の筋力を補ってくれます。その際ストライド寄りになることが多いのでピッチは落とさないよう意識しましょう。大切なのは肘はまっすぐ後ろに引くことです。脇をひろげて肘が横に張るようになると効率が落ちます。

また前腕を後ろに振ることによりカラダが前傾姿勢になりやすく前方への重心移動もしやすくなります。後ろ振りの際に手の平は下に向けると上半身の力を伝えやすいです。後ろに肘を鋭角に曲げて引くと膝が高く上がる感覚にはなりますがややコンパクトになりがちで足の筋力を補助する力はあまり生み出せません。

腕は前から後ろへ全体的に大振りにすると力強く上がれる感じになりそうですがそんなことはなく、特にカラダの前で高く上げて振ることは意識しなくてよいです。足も二軸ラインなので胸骨の前で振ることにこだわる必要もありません。避けるべきは登り坂が辛いからといってどんどん前屈みになり、肋骨が落ちて腕振りが前側で小さく折り畳まれてしまうことです。ストライドが下がり推進力がガクンと落ちてしまいます。後ろに足が流れて地面反力がもらいにくくなりピッチのみ上がるようになります。

登山で歩いている状況でも足が終わってしまい膝が階段や急坂で持ち上がらない時も、

なるべく後ろ側に腕を振る感覚を持つと膝が上がりやすくなります。

◉下り坂は腕を伸ばす方がスピードに乗れるが…

下り坂はスピードが乗りやすく、自分の出せる速度の限界を上回ることも可能です。後ろ足で蹴り出すような走りにならず、振り出した足をポン！　ポン！　と着地させて地面の反発をもらえるいい走りに自然になりやすいのです。接地時間も自然に短縮されます。登り坂で地面への力の伝達を身につけ、下り坂で重心移動を磨き、平地での走りに活かすようにするといいと思います。いずれにせよ足は必ず前で捌く意識が大切です。

しかしながら勢いを持って下りると一歩一歩の着地衝撃が強くなり、スピードが乗ることに恐怖心をいだく人も多いのです。それらを恐れるがあまり上半身がのけ反ってしまうランナーも見受けられます。つまり膝も股関節も伸ばして着地しやすくなってしまうのです。カラダが棒立ち、また後ろ重心になってしまうことは避けなくてはいけません。それでは突き上げ感がかえって強くなってしまいます。カラダの衝撃を受け止めるショックアブソーバーとしての関節のゆとりがなくなり、底突きするような着地になってしまい、かえって衝撃が強くなります。あくまで膝は伸ばすのではなく平地と同じか、さらに前に高く上げるように意識して曲げて着地させるようにします。びっくりするくらいストライドが伸びると思います。

腕振りは下で振ってゆったり体幹を使った方が、ストライドが伸びて大きな走りができるようになります。そして下り坂はリズムが大切なので脇をひろげて大きく横振りしても構わないのです。平地で脇をひろげて横振りすることは体幹のブレにつながるのですが、下りは横振りの方が制振装置として役目を果たすことにもなりやすく、足に合わせて大きく振って構いません。肘の引きも肩甲骨の可動域いっぱいに使っていいのです。下り坂は落下運動なのでちょこまかとピッチにこだわったコンパクトな走法に徹する必要はありません。しかし斜度がキツい下りで腕を伸ばす振り方だと、スピードも上がりストライドが伸び過ぎて着地衝撃が強くなることがあります。これ以上勢いをつけると足がヤバイなと感じたら、全体的に肘の角度を狭めて腕を折り畳むようにするといいでしょう。それでストライドが調節できるようになりピッチ側に振ることができます。手の平はやや上向きにするといいでしょう。

◉階段での登りの腕振りは前に大きく

普通のマラソンではあまりない局面ですが、ビルの階段を使った駆け上がり大会もあるので、階段での腕振りも考察しておきましょう。登り階段は坂道とは腕振りは全く逆の形になります。坂道の登りだとどちらかというと後ろ側にブンブン振ることを意識しますが、階段の登りでは前に腕を振り上げることを意識した方が推進力は増します。肘も胴体の前に出て構いません。ジャンプの時と同じくブンッと大きく振ってカラダを浮かすようにします。特に一段抜かし、二段抜かしでは短距離走のスタート時と同じく大きく上腕を前後にスイングすることが大切になってきます。短距離走でバウンディングというドリルがありますがそれに近いです。これは階段という局面は、いかに支持脚が地面を押してカラダを持ち上げるかが重要なのではなく、腕や遊脚の振り出しによる遠心力でカラダの重心を持ち上げていくかが大切なことをあらわしています。

◉下り階段の腕はバランス維持の存在

対して階段の下りはそこまで腕振りは重要ではありません。一段ずつ降りる場合はリズミカルにトントンと着地のタイミングに合わせて軽く振るだけでいいのです。一段抜かし、二段抜かしになると通常の腕振りと形態が変わります。着地のタイミングに合わせて両手を縦や横に大きく振り上げてカラダを浮かすようにします。その方が着地衝撃を防ぐことができてバランスも取りやすいのです。※下りの階段は骨盤が動きにくいので足も二軸走法になりやすく脇も肘も開き気味になります。特にトレイルでの急斜面の不整地、不整な木

※『サブスリー漫画家 激走 山へ！』で詳述。

段などでは腕振りは左右に振っての推進力というより、ダンスをするかのごとく両腕でバランスを取るように動かして制震装置として活用していくようになります。

◉陸上競技場トラックのコーナーの走り方

練習で陸上競技場、いわゆる400ｍトラックを使って走っているランナーも多いでしょう。その場合、反時計回りにずっと周回するので、左のコーナーを常に回ることになります。陸上トラックは直線部分は約80ｍ、曲線部分は120ｍですから実はコーナリングしている方が長いのです。例えば１㎞で５回、５㎞で25回、何と10㎞だと50回も左コーナーばかり曲がることになります。ゆっくり走っているとあまりGは感じませんが、スピードを上げて走るとかなり遠心力で外側に振られます。カラダも自然に内傾します。陸上トラックではコーナリングのうまいランナーが勝負を制すといっても過言ではありません。

遠心力に負けないように左右の足を二軸にして右足で踏ん張り大きく蹴り出し、左足は置いていくのみ。これらはコーナーに苦手意識を持つランナーの典型例です。そういう感覚で走ってはいけません。コーナーを二軸ラインで回ることは体幹制御がとても難しくなります。その意識で走ると右腕を大きく振ることになると思いますが、これがまた上体のグラつきを助長します。さらにバランスを取るために右手のみ前腕の旋回運動が強く出る人がいます。一旦ついた癖なので曲がりやすいと感じるならそのままでいいとは思いますが、ランニングエコノミーは低下する傾向にあります。

◉陸上トラックでは左足軸足と左手の使い方が重要

コーナーでは左足を軸足にして重心を掛ける感覚を持ちましょう。そうするとあまりストレートとコーナーが変わらない感覚で走れるようになります。コーナーが得意な選手は直線とコーナーで走る意識があまり変わりません。左右の足のラインは一軸に近くなり左足がカラダの中央に入り込み、方向転換と踏ん張りの役目を果たします。右足はバランスを取る程度で置く感じです。いずれにせよ個々の足に意識を持つより体幹から動かすようにしましょう。

さて腕振りも重要です。ストライドが大きいと接地時間が長くなり遠心力の影響も大きくなります。コーナーではなるべくピッチ中心で走りたいものです。腕振りのうち縦振りを短く強振するようにします。すると足回しも接地時間が短縮されコンパクトになります。左右の足の役目が違うことは述べましたが、腕振りも左右で少し変える意識にします。左手は後ろ振りはやや大きめに、右手は縦振りの強振をコンパクトにすることのみ意識してあまり後ろには引く意識を持ちません（外見からはほとんどわからないレベルですが）。これはコーナリング時には右足より左足の方が接地時間が長いのと関係しています。そして腕振りはまっすぐ振るというより、直線を走る時より上肢帯の円運動を意識して振るとバランスが取りやすいです。

私は左手の前腕は手の平をやや上に向けたままにして、右手の前腕は体温計を振るように動かしやや手の平を下に向け振っています。これらは遠心力のために左足は母指球にすぐ重心移動しがち、右足は母指球に移動しづらくなる挙動への対処です。これも大袈裟にやる必要はありません。胴体自体は左向きによじる必要はなく、まっすぐ正面か、軽く外側を向いている感覚が楽ならそれでもいいでしょう。

コーナー出口では今まで耐えていた遠心力をうまく使って、放り出されるように加速できるとベストです。ストレートに入ると腕振りの縦振りはややストロークを伸ばし、ストライド寄りに振って構いません。

57歳シーズンの挑戦
つくばに向けて

第10章

◉散々だったPBのつくば後の体調

２０１８年11月25日に行われた第38回つくばマラソンで２時間53分の自己ベスト更新をした過程は前作『アルティメット フォアフット走法』に書かせていただきました。勢いがついた私は翌年の２０１９年３月に行われる第７回古河はなももマラソンにエントリーして、つくばマラソンから１週間ほど休んでから練習を再開しました。つくばマラソンでは特に痛めた箇所もなく体調もよかったのですが、ほんの少し足の指が痛いなと思っていたら徐々にシューズも履けないほどに赤く腫れあがってきたのです。最初は「マメでもできたのかな？ そのうち直るだろう」と思いましたが、普段の生活で歩いても痛いし寝ている時も疼くようになりました。熱も出てランニングを中止せざるをえませんでした。「はて？ マメでないとすると虫にでも刺されたのかな」と思ったのですが季節は冬ですし、おかしいと思って病院に行くと蜂窩織炎《ほうかしきえん》との診断でした。菌が皮膚の小さな傷口から侵入して化膿する病気でした。お医者さんから「ほら、爪を押すと真っ白になってるから中に膿が溜まってますよ。数日したら自然に出てくるとは思うけど」と言われました。処方された抗生剤が効いて蜂窩織炎は２週間ほどで治ったものの、抗生剤の副作用で体調がおかしくなるという悪循環を繰り返してなかなか走れず年末の練習のスケジュールが大幅に狂ってしまいました。

◉母の死

さらに不幸が重なります。私には90歳になる母がいるのですが、入居していた老人ホームで体調を崩し高熱が出たのが２０１９年1月頭。「病院を受診することになったのでつき添いをお願いします」との連絡がありました。急いで向かうと本人はゆったり落ち着いたもので意識も会話もしっかりしています。ホッとしたものの主治医の先生からは予断は許さない状況と伝えられ、1カ月の入院を言い渡されました。「こんな元気なのに？」と思い、本心では「2週間ほどで退院できるのでは？」と思いましたが、母の体調はよくなったり悪くなったりを繰り返しそれから2カ月ほど病院通いの日々が続きました。その間も少しは走っていましたが、陸上競技場トラックのポイント練習に向かう気にもならず、かといって一人で身の入った練習ができるはずもなくほぼゆっくりジョグのみ。心も上の空でした。そして看病の甲斐なく3月頭に静かに息を引き取りました。死因は膿胸。葬儀は古河はなももマラソンが行われる前日の3月9日に行われました。気分的にも体調的にも大会会場に向かう気にはなれずＤＮＳとしました。

◉上腕ターンオーバー理論と逆位相シンクロメソッドを試す

というわけで２０１８年マラソンシーズンも終了。心の傷はまだ癒えてはいませんでしたが次期シーズンに向けて気持ちを新たに練習を再開です。

以前から書いていますが、私はインターバルなど辛いスピード練習の時は無我夢中で頭が真っ白になるんですが、ゆっくりジョグの時ほど普段思いつかないようなアイデアが閃きます。しかしすぐ忘れてしまうので必ず立ち止まってスマホにメモします。よくジョグは無になれる時間という人もいますが、私にとっては頭の血の巡りがよくなるのでここぞとばかりのアイデアタイム。本書の内容もまさにゆっくりジョグのアイデアタイムから生まれたものばかりです。

粛々と続けていたゆっくりジョグのおかげで思いついた腕振りについて「上腕ターンオーバー理論」と「逆位相シンクロメソッド」を今期は実践していこうと考えていました。新しい動きを取り入れるにはまずしっかりと意識を持ち、何度もベースドリルとして繰り返し落とし込んで自分のカラダに染み込ませていきます。つまりカラダに新たな、そして強い癖をつけるのです。癖となれば勝手にカラダはそう動くようになります。しかし焦ってはいけません。それには気の長い正確な反復動作が必要になります。そして徐々に無意識化していくようにします。その過程で大切なのはスピードです。正確に行うには動作を遅くしなくてはいけません。動作を速く行うほど精度は低下します。つまり早く雑にやってしまうと身につかないのです。ランニングフォームを改善する時期と割り切って、段階的に少しずつ速い動きに慣れていく過程が必要になります。私はわざと歩行に近いレベルまでジョグのスピードを落として腕振りを改善するべく反復動作を繰り返しました。

◉夏場のロング走を春に前倒し

自己ベストを更新できた２０１８年シーズンは、夏場7月から毎週末に行った20㎞ペース走がとてもよかったという印象がありました。練習にもメリハリがつき調子が上向いたという実感です。そこで２０１９年シーズンはロング走を始める時期を前倒しして4月から開始することにしました。しかも距離は30㎞に延ばしました。秋のマラソンシーズンまで毎週続ければ、いまだかつてないほど長く走り込めて強い足を醸成できるはず。２０１8年は7月開始で毎週末に20㎞で自己ベスト更新ができたのだから、30㎞に増やして開始時期も早ければさらにスタミナがついて、もっともっと速くなり自己ベストも楽々と更新できるはずだ。胸は高鳴り「ついにサブエガ（2時間50分切り）を目標にする時が来たか」とほくそ笑みました。

４月から始めた週末ロング走は雨の日も風の日も、そしてうだるような猛暑日も朝６時過ぎから出発して７月まで続けました。月間の走行距離も４月は４５０km、５月と６月は５００kmを超えました。流しや短いインターバルなど入れましたが、基本的にはジョグ主体で距離を延ばした感じです。

しかし結果的にこの取り組みはあまり期待した効果は生み出せなかったように思えます。ロング走も２０１８年の自己ベスト達成メニューでは駒沢公園まで自転車で行き、ラン仲間とキロ５分ペースを維持して走りましたが、２０１９年は自宅から皇居まではジョグ、そして皇居ではペースを上げてキロ5分で走りはしたものの復路の皇居から自宅まではキロ7〜8分のゆっくりとしたジョグに甘んじていました。実際のペース走としては前年と同じ20km程度だったということです。そして疲れたら失速していいという悪い癖もついてしまったように思えます。ロング走はあくまで同じペースで行い、疲れたら休憩を挟んだり、だらだらと距離だけ帳尻を合わせるように走るのではダメなのだと思いました。

◉目論見が外れ失速癖とやめ癖に悩まされる

それを思い知らされたのは夏場になってきちんとしたトラックの練習会に参加し始めてからでした。ペース走やインターバル練習をしてもスピードが上がらないのです。そればかりか途中で辛くなって失速してやめてしまう癖がつきました。遅れると気持ちも消沈し途中で切り上げてしまいたくなるのです。強固なスタミナと地足を作り、秋の大会時期にはもっと余裕を持って走れるようになるという目論見は大きく外れました。キロ4分のサブエガペースなんて全然無理で、サブスリーペース維持ですらキツい始末。練習会でも徐々に集団から遅れて単独走になる展開が続きます。故障せずにいい練習が積めたという思いがあっただけにショックも大きかったです。一体何がマズかったのだろう、こんなはずではないと焦りました。

この体調不良で一つ思い当たるのが鉄欠乏性貧血でした。健康診断の血液検査でフェリチン値が下がっているとの指摘を受けて気がつきました。フェリチンとは肝臓や脾臓を中心に全身に存在しているたんぱく質の一種です。鉄を貯めておく働きがあり、検査では血清フェリチンとしてカラダの中の量を測ることができます。カラダが鉄不足になると血清フェリチン値が低くなります。普段の食事から鉄分は多めに摂るように気をつけてはいましたが、やはり距離を増やしたぶんもっと余計に摂るべきでした。そして処方された鉄剤を飲むようにしました。前作『アルティメット　フォアフット走法』の発売時期も9月に決まり、執筆にも集中していて睡眠時間を疎かにして不摂生な生活が続いていたというのもあります。午前2時まで執筆作業をして仮眠、午前5時には起きて練習会に向かうなんて無茶なこともやってました。それらを改め食生活も栄養バランスを心掛けるようになり睡眠時間も増やしました。

思うに春から夏の間は私は母のこともあり心とカラダの声を聞くこともせずにただやみくもにカラダをいじめていただけなのではなかったのかと思います。「仕方ない、こうなったら秋口から修正を図ろう。まだ時間はある」そう考えて気持ちを切り替えました。

◉2019年台風15号と19号の関東直撃の惨禍

しかし2019年は前年とは違うもう一つの誤算がありました。練習環境が天候に振り回されたことです。前年の2018年は9月に入るとそれまでの猛暑が落ち着き、途端に涼しくなり秋めいたとても走りやすい気候になりました。ロング走でついたスタミナをそのままに、涼しい気温で心肺も追い込めるようになり、スピード、距離ともに高いレベルでポイント練習を立て続けにこなせるようになりました。しかし2019年は10月に入っても蒸し暑いままの気候が続き、いつまで経っても涼しくなりません。暑さに弱い私はなかなか追い込める練習を積むことができませんでした。そしてそのまま台風シーズンに突入してしまいました。

中でも台風15号と19号は大きな爪痕を日本各地、特に関東地方に残しました。台風15号は9月9日に東京湾を北上、千葉市付近に上陸し、記録的な暴風となりました。千葉では最大瞬間風速57・5m／sを記録し観測史上1位。風にあおられ千葉県市原市のゴルフ練習場のポールが倒壊して民家に直撃した映像はまだ記憶されている方も多いと思います。大規模な停電や断水も発生し、青い養生シートが長い間、破損した屋根に掛けられていました。成田空港では、都心部につながる交通機関が一斉に運休したことで、1万人以上が施設内で夜を明かしました。

台風19号は10月12日に伊豆半島に上陸、関東甲信越地方ではこれまでに経験したことのない記録的な大雨が降り、一級河川を含む71の河川で堤防が決壊しました。住宅の床上浸水2万戸以上、14都県で最大52万戸を超える大規模な停電が発生。東京都と神奈川県の境を流れる多摩川では、護岸が少なくとも20カ所で崩れタワーマンションを多く抱える武蔵小杉や二子玉川などが甚大な被害を受けました。

◉ああ多摩川土手。練習環境の予定が狂い始めるドタバタ

台風に関してはニュースで「クルマが吹き飛ぶほどの強風」と注意喚起されていたので、私も外に置いてあった自転車や鉢植えの植物を室内に取り込むなどある程度の対策をしました。私の住む地域では公園の木や鉄柵が折れる程度で大きな被害はなく済んだのですが

影響はその後に顕在化します。

多摩川土手は私の大好きな練習場所です。毎年つくばマラソン前に9月から土手の土道を使って30㎞のペース走の走り込みをするのが常でした。この夏までの不調を吹き飛ばす意味でも「多摩川の30㎞走は頑張ろう」と考えていましたがその予定が大幅に狂ってしまいました。普段のどかに少年野球やゴルフやバーベキューを楽しむ憩いの場である多摩川土手。台風一過で水が引いた後も見るも無残に折れ曲がったフェンスやトイレの残骸がそのままになっていました。簡易舗装はめくれ上がり大きな段差ができていて、水溜まりも多数。ゆっくりジョグならまだしも一定のペースで集団走などは難しい状態でした。今まで多摩川土手の砂利道に鍛えられたという実感があっただけに練習を他の場所に変更しなくてはいけないのはストレスだったし、同じペース設定での集団走をできないかもしれない、大会へ向けての練習がちゃんとできるのだろうかと不安でした。

結果的に駒沢公園、皇居、織田フィールド、代々木公園、済美山トラックなどを転々として練習をしましたが、点と線がイマイチつながらず、よい練習ができたという実感はありませんでした。

◉今年、心をボキッと折るのはどっちだ？

マラソン大会に向けての取組みとしてとても重要なのはテーパリングといわれる疲労抜きの作業です。2カ月前まではかなりキツい練習を重ねて疲労を溜め込みますが1カ月を切るあたりから、質はそのままで徐々に練習量は落とし、本番に向けて体調を整えていきます。今回協力し合ったのが以前から私の本に登場しているラン仲間のH君です。彼は私より10歳若い47歳ですが、マラソン歴は私より長く、色々とアドバイスを求める仲でした。ほとんど自己ベストも同じで、普段の練習では織田フィールドのペース走やインターバル練習でも一緒。彼もまた多摩川を主な練習場としており、土手からあぶれたこの緊急事態でお互いに連絡を取り合い引っ張り合う練習をする約束をしました。

２０１８年のつくばマラソンも一緒に走っており私が2時間53分、H君が2時間56分でした。先行していた彼を私は35㎞過ぎのコース一番の急坂である口の堀陸橋の登り坂で捉えました。実はその時、私はゾーンに入っていたのか単に周りを見ていなかったのか、彼に気づかなかったのです。しかし彼は気配を感じて振り向くと、私がいることに愕然として自分の心が「ボキッ！」と折れる音が聞こえたそうです。去年の打ち上げではその話で大いに盛り上がりました。「今年も同じようにボキッと心を折ってやるから覚悟しておいてよ」まだ私もその時はそんな軽口も叩くほど余裕がありました。

H君と相談してつくば前には極めて伝統的なテーパリングをすることにしました。3週間前の週末にキロ4分5~10秒ペースで30㎞、2週間前の週末にキロ4分ペースで20㎞、1週間前にキロ3分50秒ペースで10㎞という設定の練習をH君は希望してきました。私も異論はありませんがもう少し距離も走りたいと思い、それは自分で別日に追加練習をすることにしました。彼は自己ベスト更新を目指していたので2時間52分が目標でした。対して私はさらにその上を行くサブエガと呼ばれる2時間50分切りを密かに狙っていました。練習といえどもH君の後塵を拝すわけにはいかない、余裕を持って走り終えなくてはいけないと思いました。

◉テーパリングとしての駒沢公園30㎞走だったが

3週間前の30㎞は土曜日に駒沢公園で行いました。11月に入ったとは思えない蒸し暑さにげんなり。自重して最初はキロ4分15秒で走り始めましたが途中からキロ4分5秒ほどにペースが上がりました。ずっとH君の後ろについていく展開が続きました。暑さのせいかまだ貧血が治りきっていないのかカラダが重たくH君に引っ張ってもらうのが精一杯。H君の前に出る余裕は全然ありませんでした。20㎞あたりからホントにキツかったのですが、ギリギリ離れない感じを維持してH君の5mほど後方で何とかついていきました。息もゼェゼェハァハァ青息吐息の白目状態。しかしラスト周に入りH君の足が鈍り徐々に距離が近づいていきました。残り1kmでH君の背中を軽く叩き前に出ました。H君も頑張ってついてきましたが後ろから聞こえてくる呼吸が苦しそう。

29km以上ずっと引っ張ってもらって楽していたので当たり前といえば当たり前なんですが、最後はほんの少しだけ私の方に余力がありました。マラソンをやっていない人にはあまりわからない感覚かもしれませんが、前走者が風除けにもなるし、ペースも考えずにただ背中を追えばいいだけなので後ろについているランナーはとても楽なのです。そういう意味でマラソンで風の強い中でもペースを作ってずっと先頭で引っ張り切れる選手は本当に強いランナーです。H君は徐々に離れていって最後は50mほど前に出てゴール。何とか設定タイムで走りましたがエネルギーを使い切り30kmでグッタリ。「これで本番は12kmさらに走れるのだろうか……」と不安は募ります。

明けて日曜日。気持ちが張り詰めているのか、さほど疲労も筋肉痛もあまり感じてなかったのでセット練として、別クラブの練習に誘われるがままに済美山トラックの15kmのビルドアップ走を入れました。でも冷静になって考えれば疲労はあって然るべしなんですよね。走ることでどうにか不安を払拭したかったのかもしれません。キロ4分30秒からスタートして3分40秒まで上げてのゴール。なかなか充実した練習になりましたが、ポイント練習が二日続き、アップなど含めて合計50㎞と3週間前にしてはずいぶん走ってしまいました。おそらく多摩川土手という安定の練習場所を奪われたために、今度いつ強度の高い練習ができるかわからないという心配から、人数が集まれる時にやれる場所でやっておこうと、つい気持ちが焦ってしまっていたのだと思います。

◉2週間前なのに合計60㎞走ってしまう罠

2週間前の土曜日はH君との駒沢公園20㎞ペース走。H君は体調が悪いらしくいつもはアオってくるのに「ついていけるかな……」と珍しく不安げ。実際、キロ4分で6㎞までは並走していましたが、遅れ始めて徐々に息遣いが聞こえなくなっていきました。8㎞からは単独走。改善した腕振りも推進力が増した感じで快調です。キロ4分3秒くらいまで落ちる時もありましたが14㎞の給水ではH君の姿は見当たらず、そのまま後半はキロ3分55秒で走り切りました。呼吸もかなり苦しく、相変わらず余裕がない走りでしたが「サブエガを狙うんだからこのくらいキツいのは当たり前」と思い直しました。そして翌日。本番レースの2週間前なのでやめておけばいいのに、やはり疲労がないと感じたのをいいことにロングジョグをキロ6〜8分で40㎞行いました。30㎞のペース走でも2時間10分程度ということもあり、やはり3時間以上走る感覚をカラダに馴らしておきたいと思ったのです。しかしスピードは上げなかったとはいえ2週間前に計60㎞。やらなくてもよかったんじゃないかなと思います。

◉1週間前は合計30㎞走ってお腹いっぱい

1週間前は済美山で土曜に10㎞のペース走。38分02秒。平均キロ3分48秒。走っている最中は筋肉が重たく張りが出ていましたが、明けて日曜日には皇居練習会にも顔を出してしまうのでした。回復走の位置づけと自分に言い訳して設定は4分30秒で20㎞、皇居でいうと4周です。つくばマラソンを本番と位置づけてる人はみな10㎞で終えていました。私は「何でたった2周なの？ まだ全然走れるし」とその時点でも足もカラダもそこまで疲れていないと感じて20㎞まで走りました。調整失敗かどうかは置いておくとして、充実した練習をやり終えた感はありました。驚くのは土曜の10㎞、そして日曜の20㎞走った後はかえって疲労感はなく足はメッチャ軽いと感じていたことです。つくばマラソンではおそらく今までで一番速く楽に長く走れるはずだ、サブエガも間違いないとその時は考えていました。ランニングハイでラリラリになっていたのかもしれません。

さらに最終週の火曜日に織田フィールドで８０００ｍのビルドアップ走。最後のポイント練習です。しかし「最後の最後で故障したらどうしよう」と不安になるわけです。織田に到着してラン仲間が集まるまで芝生を周回するも風も強く寒くもうやめて帰ろうかとも思ってしまいました。でも走り出すと足の調子はすこぶるよく呼吸も苦しくありません（ありがち）。かえって周りの荒い呼吸が気になったくらいです。キロ4分で3000m↓キロ3分50秒で3000m↓キロ3分40秒で2000mをこなしました。H君はそんな私をあきれ顔で見ながらゆっくりジョグで調整していました。気持ちは焦りつつも足の調子は急に上向きに転じたように思いました。テーパリングと同時に開始した軽い糖質制限食で体重も54kgまで落ちていました。

◉台風27号発生で大雨と15度以上気温上昇

つくばマラソンに対してかなり練習もやり込んだので「よし、後の4日間は疲労抜きに徹しよう」と思いました。ちょうど天気も東京で木枯らし1号が吹いて急に寒くなったり、雨模様の天気が続いたのもあります。3日間続けて走らずに休養を取りました。

その頃、台風27号が発生。11月22日（金曜）、東日本の太平洋側は湿った空気や気圧の谷の影響で雨。東京の正午の気温は6度9分で、昼間でも震えるような寒さ。台風27号が沖縄に接近し、非常に激しい雨が降りました。この時点で今年のつくばマラソンは雨かもと思い始めました。

そしてつくばマラソン前日、休足もしっかりやったし足の調子を見てみるかと雨の中、少し走ってみるとガラリと感覚が変わっていました。足が重たく、前に進む感覚もなく着地衝撃がとても強く感じられてすぐに息が上がりました。平常時心拍も妙に高い。「アレ？ こんなはずじゃないのに。調子はよかったはずなのに」と戸惑いました。走動作は毎日繰り返すことで調子を維持できます。「軽くでも走っておくべきだったのか？」と青ざめました。低気圧が近づいて自律神経が狂っての体調不良でしょうか。

11月24日（日曜）、ついに第39回つくばマラソン当日です。この日のために春先からずっと練習してきました。しかし土曜日には台風から変わった熱帯低気圧が九州に進み、鹿児島県で激しい雨が降り、日曜は東海や関東と東北でも雨予報。熱い空気を押し上げて全国の最高気温は平年より高く10月並みとの予報。11月になってもまだ台風が来るのか、と驚きましたが、天候の急変も含めてのマラソン大会です。もう腹を括るしかありませんでした。アニメ映画『天気の子』を連想させるような雨続き、そしてこの数日すごく寒かったのに急に東京は大会当日20度近くまで気温が上昇するという最悪の天気予報です。

◉第39回つくばマラソン前の練習の総括

マラソンの練習は常に余力を残していないと、大切なレース本番で最大の力を発揮できないと思います。でもこの時点で私は自分の感覚と実際のタイムの帳尻合わせに躍起になっていたのではないでしょうか。つくばマラソンに向けてトラック練習もやっていくうちにインターバルやペース走のタイムも上がってきました。しかし無理に力を使っている感覚が大きかったのです。限界ギリギリのタイム設定で白目剥いて走る練習と、少しタイムを落として余裕をもって走る練習とではヤリ切った感は前者と思いますが、マラソン競技のトレーニングの核心は有酸素性エネルギー供給能力の向上であることを考えると後者の方が確実に効果は高いと思います。それを見直せなかった。「去年の自分より強くなっている、速くなっている」と必死に自分に言い聞かせていましたが、ずいぶんと燃費効率の悪い走りになっている感覚がありました。これで42・195㎞持つのだろうかという不安は大きくなるばかりでした。だから2週前に40㎞のジョグを入れたんだと思います。不安があるから練習量を減らせないという悪循環に陥っていました。そうするともう周りは見えません。

一つ一つの練習の出来や結果に一喜一憂せず、一歩引いた目で自分を俯瞰的に見つめ、もう少し走る距離を減らし普段通りに淡々と練習した方がよかったとも思います。いつもと変わらない心理状態で行けたらもっと違う結果が生まれたのかもしれません。でも当時はそう考えられませんでした。結局、自分はサブエガを達成するというプレッシャーに飲み込まれてしまったんだと思います。H君よりもポイント練習で速く走った。それで己を納得させ、無理やりの安心感を得ようとしていたのです。焦りが生じてさらに気負いで走りがおかしくなる悪い流れ。体調が悪い中で距離をむやみに踏んでの鉄貧血。台風による練習スケジュールの度重なる変更。結果的に練習のし過ぎに陥り、状態が上がってこなかったのだと思います。

思ったような練習と調整ができなかったと感じたまま2019年つくばマラソン大会を迎えることになりました。

実業団選手は寒い時期の大会の場合、ノースリーブのランシャツのままでネックウォーマー、アームウォーマー、手袋などで防寒対策している場合が多いです。肩周りは露出して動きやすさは確保。走り出して温まれば、それらのアイテムは手首まで下ろす、ランパンの腰周りに挟み込む。脱ぎ捨てるなど選択肢が多くあります。肩が寒い？　そこは我慢してください(笑)。

第39回
つくばマラソン当日

第11章

◉いよいよ大会当日！　天気は我に味方せず

いよいよ第39回つくばマラソン大会当日です。

例年11月後半に行われるつくばマラソン当日の朝はとても寒く、大会スタート会場に到着する午前7時の時点では気温2～3度しかないこともしばしばです。ただそのおかげでフルマラソンを走るにはカラダに熱がさほどこもらない絶好の条件となり、安定した晩秋の天気とともに平坦なつくば市のコースは、多くのランナーにとって自己ベスト更新を狙う絶好のコンディションになることが多いのです。

しかし２０１９年11月24日の日曜日は季節外れの台風が九州に近づき、熱帯の海の空気を押し上げてしまい、11月下旬とは思えない高温と多湿のバッドコンディションとなってしまいました。いわゆる地球温暖化の影響でしょうか。東京都内は三日間大雨で、前日の土曜日も23時の時点でザーザー降り。天気予報ではやむ方向とのことで期待しましたが、早朝の電車に乗り込み、つくばに向かう間もずっと雨が降り続いていました。窓の外を眺めても霧も出て視界不良の状態でした。２０１６年の10㎞過ぎにリタイヤした朝も電車の窓から見える景色がずっと靄っていたことを思い出し気持ちが沈みました。

第39回つくばマラソンの相棒はナイキ ズームX ヴェイパーフライ NEXT%

◉更衣室テントは泥濘《ぬかるみ》でグチャグチャ

つくば駅に到着。地上に階段を上がって出てみるとほぼ雨はやんでいました。小躍りしたものの会場に向かって歩いていたら、またザーッと大粒の雨が降ってきました。しとしと降る秋雨というより熱帯地方のスコールに近い状況。降ったりやんだり台風テイストの雨です。大会で用意した更衣室テントまでのグラウンドはひどい泥濘状態になっており、テント内も雨漏りでいたるところに水溜まり。土間もグッチャグチャ。まさに最悪のコンディションでした。テント内はそんなわけで殺気立っている雰囲気もありくつろぐ気にもなりません。急いで着替えを済まして飛び出してスタート地点脇にあるスーパーマーケットＫＡＳＵＭＩに行きました。

ここは早朝から開いておりトイレもあるし無料のコーヒーも配られています。そしてベンチシートも置かれていてくつろぐこともできます。温かいコーヒーを飲みつつ今回の勝負シューズ、ヴェイパーフライＮＥＸＴ％に履き替えました。何度かアップのジョグと流しをしてＮＥＸＴ％の反発力を改めて確かめました。雨だけれどこれならイケる。去年はヴェイパーフライ４％、今回はその進化バージョンです。特に前足部のグリップとぐらつきに対する安定感は上がっているという印象もありました。厚みを増して反発力も向上している感覚です。残念ながら足は昨日の重たい感触のままでした。しかしそんな泣き事も言ってられません。こんな天気だけれど「自己ベストを出すぞ！」と気合いを入れました。

◉せっかくのＡ１ブロックスタートだから

つくばマラソンは参加者１万５３００人という市民マラソンでもビッグレースなので、スタート時の混雑を緩和するためにウェーブスタート方式が取られています。しかし第１ウェーブのＡＢブロックは走力が拮抗しているランナーが多いため、２０１９年はさらにＡブロックがタイムにより二つに分けられました。私は前年の持ちタイムのおかげでＡ１ブロック（2時間53分59秒までの記録を持つ陸連登録ランナー）にすべり込むことができました。ちなみにＡ２ブロックは２時間54分から３時間15分までの記録を持つ陸連登録ランナーです。つくばマラソン事務局によるとＡ１ブロックが422名、Ａ２ブロックが946名、Ｂブロックが２０００人ほど。

Ａ１ブロックの人数はそこまで多くなく、慌てて並ぶ必要はなかった気がしました。というのも人数の少なさを把握していたランナーは傍の建物の軒下に雨宿りしていたからです。バカ正直にスタート地点に並んでいた私は、途中で雨がまたザーッと降ってきてしまい、シューズの中があっという間に浸水してしまいました。あわてて100均で買っていた足ビニール袋をかぶせましたが時すでに遅し。

例年レース前に並んだ時は周りのランナーとしゃがんで座って寛いで、足の疲労を溜めないようにしているのが常でしたが、今回はザーザー降りで座らずにずっと立ったまま。待機にも力を使ってしまったかもしれません。高温多湿のおかげでそこまで寒くありませんでしたが、とにかく待っている間じゅう叩きつけるような大雨には萎えました。

◉覚悟を決めて号砲でスタートしたものの

しかし「この日のためにずっと練習してきたんだ。雨なんかに負けてたまるか」という思いもありました。「バーン!!」とスタートの号砲。まるで熱帯雨林のようなザーザー降りのなか、覚悟を決めてスタートです。バーッと先頭集団が前に出ました。走り出して約

３㎞の大学構内の区間は特に路面状況がひどく、道路の両脇が水没して水溜まりも数多く点在していました。何かしら見えない窪みに足を取られて捻挫でもしたらおしまいです。しかしスタート時は前にも横にも多くのランナーが密集しているので直進することしかできません。水溜まりを避けようにも避けられず足をバチャバチャ突っ込んで走るしかありませんでした。そのたびにグシャグシャと音を立てて重くなっていくヴェイパーフライＮＥＸＴ％。前モデルの４％よりアウトソールのトレッドを深くして水はけもよくしたといわれていましたがモノには限度があります。深い水溜まりに足を突っ込むと、さすがに靴底と路面の間に水の膜ができてグリップは失われます。ＮＥＸＴ％のアッパー素材ヴェイパーウィーブはフライニット素材より保水は減ったといわれていますがインソールはずぶ濡れだし靴下は保水してしまいます。「やれやれ、マジか……」とゲンナリしながらシューズを振り回す感じで走っていました。しかし５㎞の通過時のラップは20分２秒。ずぶ濡れの重たいシューズで水しぶきの中を駆け抜けた割に２０１８年の自己ベスト時に比べて11秒速くなっていました。

◉前半で思い切り足を使ってしまった？

10㎞あたりで雨はやんできました。道路も広くなりランナーもバラけてきて、コース取りも楽になったので水溜まりも気にならなくなりました。ラップタイムは20分21秒。去年の自己ベスト時より12秒遅くなりました。腰と右膝も痛くなってきました。普段はあまり腰痛にはならないので水溜まりを走った時に変な動かし方をしたのかもしれません。そして前腿やお尻もハムストリングスも重たく感じました。何だか去年よりずいぶん力を使って走ってしまってるという感覚があり、あと30㎞以上走るのかと思うと気が滅入りました。この時点でタイムも帳尻合わせになっていたのかもしれません。15㎞のラップが20分12秒。スプリットは1時間37秒。ここでも去年より12秒遅れです。取り戻せません。このあたりで知り合いランナーさんと二言三言の会話をして「ちょっと足が重たいな〜」と話した記憶があります。

2時間50分切りであるサブエガを達成するには1㎞を4分1秒73、5㎞を20分8秒67で刻まなくてはいけません。20㎞走ってスプリットタイムが1時間20分46秒。サブエガを達成するには1時間20分34秒。12秒の借金が続き余裕は全くありません。「何だ、たった12秒なら後半頑張ればイケるんじゃない？」そう思われるかもしれませんが、去年は同じ20㎞地点で1時間20分43秒と3秒速くて結果は2時間53分です。実質的に借金は疲労の蓄積という金利もふくめ徐々に膨らみつつありました。

◉ライバルH君からこっそりロックオンされて

「こ、この疲労感ではサブエガは無理なのかもしれない。でもまだ終わったわけではないんだ！」そう思って天を仰いだ20㎞過ぎ。いきなり後ろから声を掛けられました。「ナイスラ～ン！」小声でひっそりと私にだけ聞こえるように囁いたのはあの心のライバルH君。もうずっと後方にいるとばかり思って存在すらも忘れていたH君が颯爽と軽い足取りで私を抜いていくではないですか。去年は私が彼の心をボッキリ折りましたが、今年は残念ながら私の番でした。「ボキボキッ!! ボキーッ!!」と私の心の折れる音がつくば市の曇天の空に鳴り響きました。ゴール後に聞くとスタート時からずっと私をロックオンして後ろで走っていたそうなのです。そして20㎞過ぎてから徐々に私が失速してきたから「もうついてる意味ないや」と思って前に出ようと思ったんだそうです。私は20㎞以上、後ろにこっそりついていたH君を引っ張り続けていたのでした。「抜いといて何がナイスランだよ。ムキ～ッ!!」私も歯を食いしばってH君を追走しようとしたのですが、それもハーフ地点過ぎの22㎞くらいまででした。その後はなすすべもなく後退し、徐々にその背中は離れていってしまいました。まったく予想外の展開でした。H君は30㎞走も20㎞走もトラック練習でも私の後塵を拝しましたが、結局「本番レースにさえ勝てばいい」とテーパリングしてうまくエネルギーを溜めていたのはH君の方だったのです。これは素直に認めなくてはなりません。私はサブエガという目標を掲げて、自分のなかで気持ちにも余裕がなくなりガチガチに固くなっていた気がします。気合いではなく気負いでした。結果、テーパリングの時期も無意味な競争で勝つことに意識がいってしまい、本番レースへ向けての練習なのだという気持ちが抜けてしまっていました。H君は本番レースをイメージして30km走も20km走も練習として余力を残して終えていたのだと思います。私はサブエガ達成という邪念が出て、練習といえども最大限の力で走ってしまっていました。しかもそれで飽き足らず、不安を抑えるべくさらに翌日も走り込みを重ねて疲労を溜め込んでしまいました。その差が本番で如実にあらわれました。今回のレースで大いに反省すべき部分です。

◉胃がムカつき始めお腹に力が入らない

H君は徐々に遠のいていきました。それにしても心をボッキリ折られたタイミングが悪かった。去年のH君は36km、それに対し私は20km過ぎです。まだ半分以上の距離が残っているのです。

さらに悪いことに胃がムカつき始めました。寒くはないと思っていたもののずぶ濡れで冷えてしまったせいでしょうか。それとも15kmあたりで飲んだクエン酸入りのエナジージェルのせいでしょうか。気持ち悪くてお腹に力が入りません。カフェイン入りのエナジージェルを携帯していましたが飲んでも吐いてしまいそうなので摂ることは諦めました。

そしてそれと同時に現実を受け止めなくてはいけませんでした。21㎞過ぎの中間地点まで掛かった時間は1時間25分12秒。どう考えても疲労を考えると後半ハーフを同じタイムか、さらに縮めるのは無理と思いました。つまり持久係数※的にみても今回サブエガは難しいということです。そこで2時間52分台の自己ベスト更新を目指そうと軌道修正することにしました。それなら平均キロ4分6秒まで落ちても大丈夫です。25㎞が1時間41分9秒（去年1時間41分16秒）、ここまではまだ2018年の自己ベスト時を上回っており、足の状態も今回の方がいい状態を保てていると感じていました。しかし30㎞の研究学園都市の折り返しで2時間2分9秒（去年2時間2分1秒）と遅れ出してしまいました。でもほぼ同タイムといってもいいかもしれません。これから粘りに粘れば……。

◉ついに失速。35㎞以降に地獄を見る

ところがいきなり35㎞過ぎからどんどん足が重たくなり動かせなくなってしまいました。

今回の失敗レースの要因は明らかに35㎞からの大失速です。実はあとでタイムを見てみると35㎞までのラップは去年より速かったのです。最後の7㎞でガクンと失速したのでし

※持久係数……多くの市民ランナーのフルマラソンのタイムはハーフマラソンの記録の2.1～2.4倍の数値になる。つまり後半の方が速くなるネガティブスプリットは理想ではあるが、ほとんどのランナーは後半失速する。

た。まずクルマでいうところの要のエンジンである股関節筋群が疲労してうまく動かせなくなりギクシャク感が出てしまい、接地感覚も崩れてしまったという表現が当たっているでしょう。そこからは地獄でした。一旦崩れた接地はさらに足裏やアキレス腱を傷めつけてどんどん悪い状況に傾いていってしまいます。気持ちも後ろ向きになってしまったことも大きいと思います。実は去年も30～35㎞の区間に同程度のタイムの落ち込みはありました。しかし去年の35㎞過ぎからはイケイケドンドンの展開になりペースを上げて前方のランナーをどんどん抜けたのですが、今年は「もうダメだ」と気持ちが切れてからは後方のランナーに抜かれまくりました。本当に足が重たくて動かなかったです。

　走り方についてもストライド先行になりピッチがやや落ちていたように思います。ヴェイパーフライＮＥＸＴ％はホントに弾むのでそれに乗っかって走り過ぎたのかもしれないと思いました。サブエガから52分台の自己ベストに目標を変えましたが、それも難しいという暗雲が垂れ込め始めていました。今年は春から30㎞走を始めて月間走行距離も増やしてトラック練習も8月から毎週こなしました。ガーミンもＶＯ2ｍａｘが65まで上がってそれを証明していたように思えました。「なのにコレかよ!!」という思いがずっと走っている最中に交錯していました。「そんなはずはない」そんな気持ちとは裏腹にどんどん重たく痛くなっていく足。今までの練習は何だったんだろうという思いでした。

◉サブエガもならず自己ベスト更新もならず

36〜37㎞と41〜42㎞はキロ4分30秒以上掛かっています。もがけどももがけども足は動かない。前に膝も上がらなければ後ろに流れた膝も前に戻せない。タフな強い足を作ってきたと思っていたのに全くそうではなかったのです。何が間違っていたのだろう。いや、間違っていたのではない。何かボタンの掛け違いが起きていた。それに気づけなかったと思いました。後半の粘りにはある程度自信があったのですが、今回は完全に足が終わりました。Ｈ君の「ナイスラ〜ン」という悪魔の囁きに負けたのです。気持ちが切れると足は痛いし、ますます重たくなっていきます。給水時にガクンとペースが落ちるのもダメでした。そのたびに失速を告げるＧＰＳウォッチのアラートが鳴っていました。去年は最後の2・195㎞は8分48秒でまとめましたが、今回は9分39秒も掛かってしまいました。

陸上トラックにあるゴール手前の電光掲示板を見るとすでに2時間55分も過ぎていました。「ああ、

スプリット	1km平均タイム
Start ～ 5km	4:00.4
5 ～ 10km	4:04.2
10 ～ 15km	4:02:4
15 ～ 20km	4:01.8
20 ～ 25km	4:04.6
25 ～ 30km	4:12.0
30 ～ 35km	4:18.8
35 ～ 40km	4:25.2
40 ～ Finish	4:23.8

第39回つくばマラソン
5kmごとの1km平均タイム

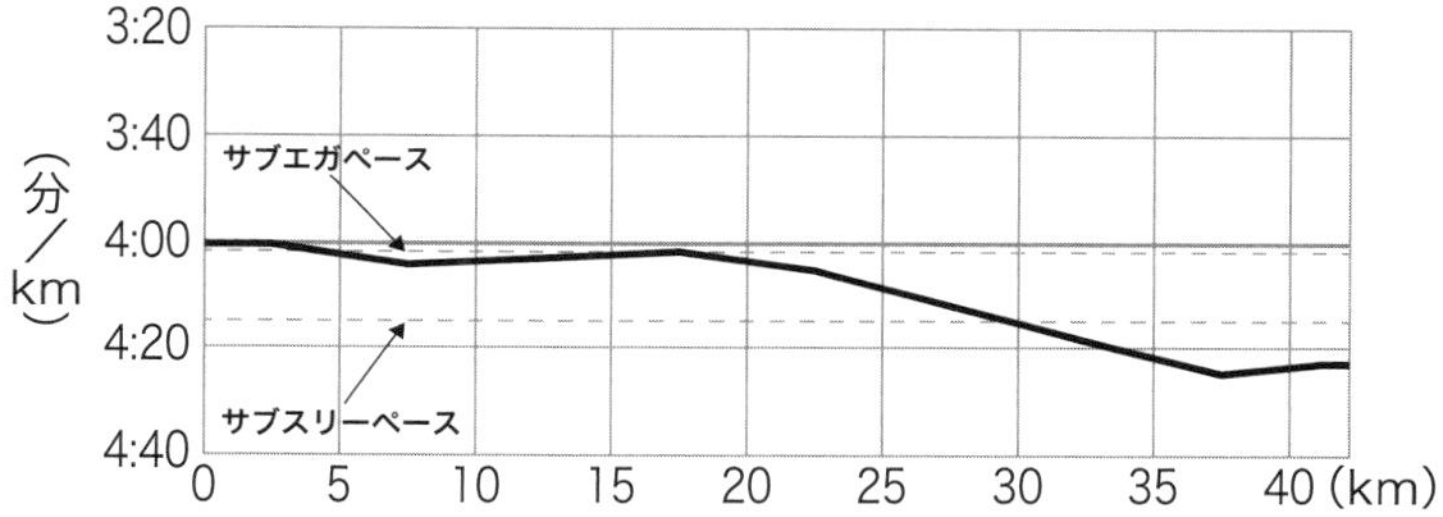

第39回つくばマラソン
5kmごとの1km平均タイム

改めて見ても20km過ぎのH君の「ナイスラ〜ン」
以降のタイムの落ち込みがひどすぎる

やってしまった」サブエガも達成できず自己ベストも更新ならず。トボトボとゴールのゲートをくぐりました。全てが終わったと感じました。サブスリーは死守しましたがサブエガは全然無理でした。2時間50分切りを狙っていたので、例えれば「サブスリーを狙っていたのに3時間5分ほどで走ってしまった」感でした。満足のいく結果ではないですがこれがマラソンです。今日のこの日に一点集中して練習してきましたが、天気や体調も含めて状況はいい日もあり悪い日もあるものです。ゴール後は胃がスポーツドリンクを受けつけずに会場のトイレに駆け込んで嘔吐してなかなか出られませんでした。

◉チャレンジャーとして挑む勝負の難しさ

有難いことに「高温多湿と体調不良のバッド

コンディションで2時間55分はよくまとめたよ」とラン友さんからは言われましたが、今回の失敗レースの要因として考えられるのは、ゲリラ豪雨と多湿でコンディションが悪い水溜まりができた前半で、意気込んでスタートしてずいぶんと力を使ってしまったことが挙げられるでしょう。後半の失速もこれに起因すると思います。

テーパリングの方法にも問題がありました。普段私は時計も持たずに自分の肌感覚で練習することも多かったのですが、今回はずいぶんとタイムにこだわって帳尻合わせの練習をしてしまった気がします。サブエガという目標達成を目指して初めてチャレンジする突っ込むレースをしてしまいました。つまり練習も本番レースも数字に執着してしまいました。その反動でＨ君に抜かれた時に気持ちがガックリ落ちてしまい、それを引きずってしまい後半も萎えて立て直せなかったというのもあります。

しかし今回、練習については反省すべき点は別にあります。

それは今まで4年連続をサブスリーを出してきた経験から「ああ、サブスリーってこういうもんなのね。こういう練習やっとけば毎回出せるよね」という驕りが芽生えていたのではないかということです。だからそれを数字的に上回る練習をしたらそのまま結果につながると思ってしまった。そんな単純なものではなかったのです。練習も自分の心の声を聞かずにタイムだけ追いかけてしまいました。気持ちに余裕がなかったのだと思います。

「サブスリーでいいや」という余裕がなくなり「是が非でもサブエガを！　自己ベストを！」という気負いに飲まれていました。

◉一気に高みに行こうとすると歯車の狂いが生じて軋んでいく

　ということで今回は赤裸々に失敗とも思えるサブエガ挑戦記を書かせていただきました。実は結果も出ていないこんなダメなレース内容を書くのもどうかと思ったのですが、今までの大転子ランニングとかアルティメットフォアフット走法などランニング理論を面白いと評価してくれる読者のみなさんもおられる一方で、意外と私のサブスリーの毎年のドキュメントを読み物として楽しみにしているという方も有難いことに少なからずおられるようですので、恥を忍んで赤裸々に書かせていただきました。人生成功もあれば必ず失敗もあります。そこを踏み越えて行くのもまた人生です。

　上腕ターンオーバー理論や逆位相シンクロメソッドは決してゆるぎないものと信じていますので今回のつくばマラソン記録とは分けて考えていただくと幸いです。実際、状況の悪い中で足が終わって失速した後もサブスリーは死守して自己ベストから2分落ち程度のタイムでゴールできたのは腕振りの推進力が上がったからだと信じています。特に腕と足の両方向から逆位相シンクロの視点で足が完全に終わっていてもペースがなるべく落ちないようにコントロールできたのは大きかったです。

改めて思うに、やはりフルマラソンというのは少しずつの練習の積み重ねでしか今までの自分を超えてはいけないということです。頑張って一気に高みに行こうとすると、今の自分の実力や心理状態とのギャップがあり過ぎて、歯車の狂いが生じて軋んでいく。「自分は頑張っている」「こんなにやっているのに……」という気負いが負のオーラをまといます。それでは趣味としてのマラソン人生は長く続けられないと思います。努力はお金を掛けなくてもできるものだから、逆にいうと努力自体には価値はないと考えておいた方が気負わなくて済むでしょう。少しずつ前進する。もちろん停滞してなかなか前に進まない時もあるし、時には故障したり長期にわたってスランプに陥ったりしても、腐らないで信じた練習を淡々と継続していくのが大切なのだとつくづく思います。

ただこれもちっぽけな趣味の世界の話です。大会は単なる成果であり、地道に実直に泥臭い練習の積み重ねこそがマラソンという趣味の本質だと思うのです。だから57歳のシーズンはこんな風に思います。気持ちの落ち込みや台風やらに振り回されたが、それでも母が産んでくれたこのカラダは耐えてくれて、やりたいように激しい練習もやれて年がら年中いっぱいいいっぱい元気に走れた。５年連続しての現役サブスリー達成という結果には大満足です！

あとがき

最後までお読みいただき有難うございました。第39回つくばマラソン大会を終えて休養を少し取り、次の大会を２０２０年３月15日開催を予定していた板橋Ｃｉｔｙマラソンに定めました。リベンジ&自己ベスト更新に向けて練習を開始しましたが、ご存知のように新型コロナ禍の影響で春以降の市民マラソン大会は軒並み中止に追い込まれました。

世間は戦々恐々とした状況になりロックダウンや都市封鎖という声も聞かれる中、３月１日に行われた東京マラソンは一般市民ランナーは走らず、エリート枠のみで縮小開催。そんな中で大迫傑選手が日本新記録を叩き出して、中村匠吾、服部勇馬選手に続く第三の東京五輪の男子マラソン代表に選ばれました。優勝インタビューの男泣きには本当に感動しましたが、そのオリンピック自体が翌２０２１年への延期となりました。

その後、日本でも緊急事態宣言が発出され４月７日から５月25日まで続きました。この時期は「37・5度の熱が４日間以上続いたとしてもＰＣＲ検査は受けさせてもらえない、病院にも入れない」とメディアでも伝えられていて、私も「もし高熱が出ても自宅で２週間我慢するしかないんだな。その時点で重症化したらもうおしまいなんだな」と腹を括りました。しかし幸いなことに体調が悪くなることはありませんでした。

コロナ禍においてランナーは感染しているしていないにかかわらず「ハァハァ荒い息をしてウイルスを撒き散らしている」と色眼鏡で見られました。ステイホームを合言葉に不要不急の外出をするなという自粛の雰囲気のなか、公園などでもマスク着用で走る環境を強いられました。そんな中でランナーは目指すマラソン大会の喪失によるモチベーションの低下、仕事やプライベートでも環境の変化などでものすごく月間走行距離が増えた人とほとんど走らなくなってしまった人の二極化が起きたように思えます。

私も２０２０年の目標とする大会を失い、やる気が一時失せていましたが徐々に走り出しました。といってもいつも使っている陸上競技場は使用中止の時期も長かったのでジョグ中心でした。音楽イベントやスポーツ観戦の開催自粛要請、旅行観光産業、飲食業など日本経済は予想を上回る大打撃を受けて、それは今も続いています。秋以降も多くのマラソン大会が中止に追い込まれていますが、徐々にではありますが新しい取組みの元で小規模な大会は再開され始めています。

サブスリーを目指して練習を重ね、ようやく達成できて感動の涙を流し、そしてその練習過程で感じたこと、気づいたことを文章で残したい。きっとサブスリーを同じように目指している、目指した市民ランナーには面白いと言ってくれる人がいるはず！参考になったと言ってくれる人がいるはずと己を信じて一気に書き上げて２０１５年に出版された

『走れ！　マンガ家ひぃこらサブスリー　運動オンチで85kg　52歳フルマラソン挑戦記！』。私は書店のマラソン実用書コーナーに、いちマンガ家の書いた本がひっそりと一冊でもあったら面白いだろうとの小さな野望でしたが、これが思いのほか反響を呼んで多くのランナーに支持されてＳＮＳなどで拡散された時は本当に驚いたし、そして嬉しかったです。

そして第二弾『「大転子ランニング」で走れ！　マンガ家　53歳でもサブスリー』、第三弾『サブスリー漫画家　激走　山へ！』、第四弾『アルティメット　フォアフット走法　56歳のサブスリー！　エイジシュートへの挑戦』とサブスリー毎年達成とともに、立て続けにマラソン実用書を出せた日々は本当に充実していました。そして２０２０年のコロナ禍の間に書き上げた第五弾『マラソン腕振り革命　ターンオーバー理論で驚くほど推進力がアップする！』を上梓させていただきました。これも私の住む駅近の書店にひっそり置かれることが今から楽しみです。

新型コロナ禍の今思えば、毎日走って大会に出られていたことは普通と思っていましたが、とても幸せなことだったんだと実感します。また同じように大会を走れる日々が訪れた時もそのことはずっと忘れずに、自分の足で走ることができる健康と社会への感謝の気持ちを持ち続けたいと思います。

２０２１年１月５日　みやすのんき

著者：みやすのんき

1962年生まれ。東京都出身。『やるっきゃ騎士』（集英社／月刊少年ジャンプ）にてデビュー。代表作に『冒険してもいい頃』（小学館／週刊ビッグコミックスピリッツ）、『桃香クリニックへようこそ』、『厄災仔寵』（共に集英社／週刊ヤングジャンプ）、『うわさのBOY』（集英社／週刊少年ジャンプ）など。

近年はランニング、ウォーキングなどスポーツや健康関連の実用書も出版。趣味は古墳、遺跡、神社仏閣巡り、食べ歩き。

フルマラソンの自己ベスト記録は2時間53分。

装丁／秋庭崇（Banana Grove Studio）
DTP／Lush!
編集／磯部祥行（実業之日本社）

マラソン腕《うで》振《ふ》り革命《かくめい》
ターンオーバー理論《りろん》で
驚《おどろ》くほど推進力《すいしんりょく》がアップする！

2021年2月1日　初版第1刷発行
2021年3月1日　初版第2刷発行

著　者 …………… みやすのんき
発行者 …………… 岩野裕一
発行所 …………… 株式会社実業之日本社
〒107-0062　東京都港区南青山5-4-30
CoSTUME NATIONAL Aoyama Complex 2F
電話【編集部】03-6809-0452【販売部】03-6809-0495
https://www.j-n.co.jp/
印刷・製本 ……… 大日本印刷株式会社

ISBN 978-4-408-33958-0（第一趣味）